Marianne Streuer
Zauberformel Gedankenkraft

Marianne Streuer

ZAUBERFORMEL GEDANKENKRAFT

Vom positiven Denken zum
positiven Leben

Ariston Verlag · Genf

Andere Werke aus unserem Verlagsprogamm
finden Sie am Schluß dieses Buches verzeichnet.

Dieses Buch widme ich allen,
die ich lehren durfte.
Denn durch sie habe ich gelernt.

Inhaltsverzeichnis

Kapitel 1

Positives Denken – nur eine Floskel?

1. Und wer will, schafft's doch!

Ihr Denken gestaltet Ihr Leben. Es legt die Grundlage für Glück und Erfolg, oder es treibt Sie auf das Gefälle des Versagens und des Unglücks jeder Art. Ihr Denken vermag Sie in Hochstimmung oder Depression zu versetzen. Ihr Denken ist eine unerhörte Kraft. Denn die Macht der Gedanken ist unerhört. Nichts geschieht in dieser Welt, ohne daß es zuvor gedacht wurde. Was immer in das Leben eines Menschen tritt, es ist zuvor gedacht worden. Ein Kuß, ein Mord, ein Haus oder ein neuer Industrieartikel, alles war zuerst in der Vorstellung vorhanden.

Demnach könnte man annehmen, daß jene Menschen, die erreichen, was sie wollen, die Vermögen anhäufen und zu Ruhm oder Ansehen kommen, das richtige Denken haben. Doch das ist ein Irrtum. Sehen wir uns in unserer Umwelt um, so hat es auf den ersten Blick den Anschein, daß Rücksichtslosigkeit gegenüber dem Mitmenschen den Erfolg garantiert. Betrachtet man aber den so erkämpften Erfolg, das sogenannte »Glück« rücksichtsloser Erfolgsmenschen genauer, so wird die Tatsache sichtbar: Ohne geistiges Fundament ist Erfolg nur eine Fassade, die uns ins Auge fällt. Hinter der rein äußerlichen Fassade findet man sehr oft verzweifelte Menschen, gescheiterte Ehen, lebensuntüchtige Kinder, enttäuschte Eltern.

Und wie steht es ganz allgemein? Was hat das vorherrschende Denken unserer Gegenwartskultur für unsere Welt bewirkt? Rücksichtsloses Erfolgs- und Gewinnstreben und die Vernachlässigung aller seelisch-geistigen, gefühlsmäßigen und ethischen Werte haben uns an den Rand der Vernichtung gebracht. Wir sehen uns den lebensbedrohenden Problemen der Umweltverschmutzung, der Rohstoffknappheit unserer Wirtschaft und zunehmender Arbeitslosigkeit sowie der Bevölkerungsexplosion in der dritten Welt, sozialen Unruhen und unglaublichen Hungersnöten gegenüber; von der bald täglich erörterten Gefahr eines Atomkrieges will ich gar nicht sprechen.

Hier nur ein Beispiel: Der Sauerstoffmantel der Erde, der durch pflanzliches Leben in Millionen von Jahren entstanden ist und ohne den wir nicht existieren können, wurde vom Menschen in wenigen Jahrzehnten so sehr geschädigt, daß daraus eine ernsthafte Gefahr für die gesamte Menschheit erwuchs.

Wie ist es möglich, daß die materiellen Errungenschaften unserer Wohlstandsgesellschaft das wahrhafte Leben stören, ja zerstören? Wie kann der angebliche Fortschritt uns dermaßen zurückwerfen, obwohl die gesteckten Ziele erreicht erscheinen?

Namhafte Zukunftsforscher fordern für den Weiterbestand der Welt eine sofortige »Änderung des Bewußtseins«. Der Einsatz menschlicher Fähigkeiten und Kräfte muß auf einem höheren Denkniveau geschehen, damit es nicht nur auf den ersten Blick nach Wohlstand aussieht, sondern daß das »Wohlergehen« auch einer genaueren Betrachtung standhält – gleichermaßen für den einzelnen wie für die Völker.

So zeigen die Kriterien unserer Weltsituation im ganzen und die vielen psychisch Kranken und Labilen im persönlichen Bereich, daß etwas nicht stimmt. Das heute übliche Denken, wenn es auch auf Erfolg ausgerichtet ist und deswegen zum angestrebten Erfolg führt, kann nicht das richtige sein. Derjenige, der, im Guten wie im Bösen, erreicht, was er will, besitzt immer die Gabe, seine Ziele feststehend und unwiderruflich in Gedanken vor sich zu sehen. Doch solches positives Denken ist nicht alles und nicht genug. Positiv muß das Rechte gedacht werden.

Die alten philosophischen Schulen Indiens und Griechenlands lehrten zuerst Gut und Böse sowie Wert und Unwert zu unterscheiden. Auf dieser ethischen Grundlage beruhend wurde die Kraft des positiven Denkens postuliert und im Leben verwirklicht. »Positiv denken« ist tatsächlich die Zauberformel. Sie kann Aufstieg oder Vernichtung bedeuten. Durch egoistisches Erfolgsstreben ohne die notwendige Verantwortung für sich und die Welt wird der Segen zum Fluch. Deswegen sind so viele, obwohl sie ihre Ziele erreicht haben, tief unglücklich. Aus demselben Grund steht die Menschheit mit all ihren Errungenschaften an einem Wendepunkt oder sogar an einem Abgrund.

Dieses Wort »positiv«, was heißt es eigentlich? Das Duden-Fremdwörterbuch erklärt *positiv* als »bejahend, zustimmend; ein Ergebnis bringend; vorteilhaft, günstig, gut; sicher, genau, tatsächlich«. Wenn wir das Wort im Hinblick auf seine häufige Verwendung im Englischen, dessen Bedeutung auch aufs Deutsche abgefärbt hat, im englisch-deutschen Langenscheidt-Handwörterbuch nachschlagen, so finden wir es u. a. mit »bestimmt, unbedingt; sicher, unumstößlich; tatsächlich; zustimmend; überzeugt« übersetzt, und *to be positive about something* heißt »einer Sache ganz sicher sein«. Das trifft die Sache. Besser kann das Wort nicht erklärt werden.

Positiv denken heißt nicht zweifeln an dem Erfolg der eigenen Pläne, überzeugt sein von der Kraft seiner Gedanken.

Das Denken, das bejaht und von Überzeugung getragen ist, bildet die Quelle einer Energie, die sichtbare bzw. erlebbare Wirklichkeit wird. Wie dieser seelisch-geistige Mechanismus funktioniert, wird Ihnen bald nicht mehr als Wunder vorkommen, vielmehr als rein logisch und folgerichtig. Doch schon vorab sollten Sie sich bewußtmachen: Vorsicht mit den eigenen Gedanken!

Es ist geradezu lebenswichtig, sich dieser ungeheuren Kraft bewußt zu werden und sich zu vergegenwärtigen, in welcher Weise man sie einsetzen will. Denn diese Kraft läßt sich bewußt steuern.

Einer von vielen, der auf der Grundlage hoher sittlicher Verantwortung sein bewußtes Denken gezielt eingesetzt hat, war ANDREW CARNEGIE. Er begann als Laufbursche in einer Spinnerei und war mit fünfzig Jahren der Stahlkönig der Neuen Welt.

Es ist erstaunlich und interessant festzustellen, in welcher Art und mit welchen Mitteln diesem Selfmademan der steile Aufstieg gelang. Sein Erfolg war das Ergebnis nicht brutaler Ellenbogentechnik, sondern des Willens, das mobilzumachen, was an Ideen und Kräften im Menschen schlummert. Für Carnegie war die Erkenntnis, daß der Mensch ungeahnte Möglichkeiten in sich birgt, die Voraussetzung für den großen Erfolg.

Russische Hirnforscher haben bewiesen, daß der Durchschnittsmensch nur zwanzig Prozent seiner Gehirnzellen aktiviert. Doch auch das Funktionieren von Gehirnzellen muß in Gang gesetzt werden. Der Impuls dazu kommt über energetische und feinstoffliche Vorgänge aus geistigen Bereichen. Für Carnegie war es selbstverständlich, daß die höchste Stufe menschlicher Existenz sein – und somit auch seine Intelligenz – Anteil am reinen Geist ist. Das Beleben der brachliegenden achtzig Prozent menschlicher Gehirnmasse ist nur eine materielle Erscheinung, die gekoppelt ist mit dem Bewußtwerden der geistigen Kapazität.

Daß Andrew Carnegie als einer der reichsten Männer, die Amerika je gesehen hat, um diese bestimmten Gesetzmäßigkeiten wußte und sie auch anwandte, das beweisen nicht nur seine Lebenshilfen, die er anbot, sondern auch seine Lebensweise und sein Lebenserfolg. Nur rechter Erkenntnis kann sittlich wertvolles Handeln erwachsen. Carnegie, der schon um die Jahrhundertwende ein jährliches Einkommen von vierzig Millionen Dollar erreicht hatte, zog sich mit sechsundsechzig Jahren von seinen Geschäften zurück und machte sich dann, wie er selbst sagte, an die »viel schwierigere Aufgabe der weisen Verteilung« seines Riesenvermögens. Soziales Engagement ist der Beweis von geistig-sittlicher Reife.

In altindischen Schriften finden wir den Hinweis: »Strebe zuerst nach Erkenntnis und dann nach Wohlstand.« Die Geschichte der Jahrtausende hat den Wert und die Wahrheit dieser Worte bewiesen. Reichtum in den Händen unwissender Menschen ist eine Gefahr zu deren und anderer Unglück. Nur wer den Sinn menschlicher Existenz und die Gesetze der Lebensvorgänge kennt, vermag sich zum eigenen und mitmenschlichen Wohl zu entfalten. Sein positives Denken ist zusätzlich auch noch rechtes Denken, woraus rechtes Handeln entsteht. Der ehrbare Mensch ist dem rücksichtslosen gegenüber keineswegs benachteiligt; es gilt nur, die Quellen geistiger Kraft zu nutzen.

Wie kann aus rechtem und positivem Denken Wirklichkeit werden? Ist das nur möglich, wenn man über diese Fähigkeit als angeborenes Erbe verfügt? Es gibt Menschen, die aufgrund ihrer optimistischen Veranlagung tatsächlich bevorzugt zu sein scheinen. Doch diesen Vorsprung kann jeder aufholen. Dazu ist allerdings etwas Training notwendig. Wenn wir auch nicht alle ein Carnegie werden können, so kann doch jeder von uns mehr aus sich machen.

Die Kette derjenigen, die geistige Erkenntnis mit dem Nebengewinn materiellen Erfolges praktizierten, reicht aus prähistorischer Zeit bis in unseren Alltag. König Salomons Weisheit war sprichwörtlich, und seiner Weisheit erwuchs ein Leben in hohen Ehren und unbeschreiblichem Reichtum, was weit über die Grenzen seines Reiches bekannt war. Die Wahrheit zu erfahren, reiste die Königin von Saba an seinen Hof und bestätigte, daß die Tatsachen seinen Ruf noch weit übertrafen.

Aus meiner Praxis kenne ich viele Menschen, die es geschafft haben mit dem Rezept: *Überzeugt sein vom Erfolg!*

Eine Patientin erwachte nach einer fünfwöchigen Bewußtlosigkeit mit einer völligen linksseitigen Lähmung. Dementsprechend waren die Nervenzellen des Bewegungszentrums geschädigt. Die Ärzte erklärten ihr, daß durch Anregen und Üben andere, sozusagen Reservenervenzellen, aktiviert werden und die nötigen Funktionen übernehmen könnten. Nach sechs Monaten machte sie die ersten Gehversuche. Sie trainierte den Körper, die Sprache, das Denken, und eines Tages erklärte sie mir, daß sie nun auch Auto fahren wolle. Zur Zeit macht sie den Führerschein.

Eine andere Patientin war mit siebzehn Jahren in solchem Maße Alkoholikerin, daß sie den »Sprit« in einer Sprudelflasche täglich in die Schule einzuschmuggeln pflegte. Nichts und niemand half über die Sucht hinweg. Auch nicht die mit einundzwanzig Jahren begonnene psychotherapeutische Behandlung. Im Gegenteil: bald kam noch die Abhängigkeit von den Psychopharmaka hinzu. Mit fünfundzwanzig Jahren litt sie unter sämtlichen Störungen des vegetativen Nervensystems bis zum »Black out«. Diese Ohnmachten hielten bei ihr oft bis zu einer Stunde an und ereigneten sich fast wöchentlich. Die Ärzte konstatierten eine verschleppte Gelbsucht. Dann kam die Zeit, da sie sich nicht vom Bett erheben konnte, ohne zu erbrechen; oft dauerte das mehrere Tage lang.

Plötzlich aber tauchte ein bestimmter Gedanke in ihr auf, und dieser sehr einfache Gedanke wurde ihr Rettungsanker. »Ich schaffe noch mein Examen für meine Eltern.« Zielstrebiges gutes Bemühen muß zwangsläufig gute Wirkungen zeitigen. Nach drei Monaten ständigen Kampfes gegen schwerste Entzugserscheinungen ging es besser, und sie bestand dann ihre Prüfungen. Aber noch anderthalb Jahre später litt sie unter Schlafstörungen, Schwindelgefühl, Kopfschmerzen, Magen-Darm-Empfindlichkeit, Depressionen, Angstzuständen, Herzjagen, Sehstörungen usw. In diesem Zustand konnten wir die wichtige und genau richtige Motivation für ihr Leben erarbeiten. Dank täglicher körperlicher und geistiger Übungen war sie nach drei Monaten voll arbeitsfähig. Drei Jahre später ergaben die Laborbefunde normale Leberwerte, ein ideales Blutbild, und ihre körperliche und nervliche Verfassung war so stabil, daß sie nicht einen Tag ihrer Arbeit als Sonderschullehrerin fehlen mußte. Sie leistete sogar noch nebenberufliche Aufgaben. Ein alkoholisches Getränk in der Gesellschaft bedeutet ihr heute nicht mehr als jedem anderen auch. Sie hat es geschafft, durch Willen, richtige Motivation und positives Denken.

Alle diejenigen, die in irgendeiner Form mit dem Problem des Alkoholismus konfrontiert sind, wissen, welche Leistung hier vollbracht wurde. – Und wer will, schafft's doch!

Aus meiner Praxis weiß ich mit Bestimmtheit, daß sehr viele seelisch Leidende, insbesondere depressive Menschen, aber auch körperlich Kranke allein durch positives Denken und die richtige Motivation ohne Medikamente genesen bzw. geheilt werden können.

Meditieren, also nachdenken, und Medizin gehen auf dieselbe indogermanische Wortwurzel »mahd« zurück, was soviel heißt wie »weise sein«. *Und so ist ein guter Leitgedanke ein echtes Medikament!*

Merksatz:

Positiv denken bedeutet tatsächlich, voll Bejahung und Überzeugung an dem richtigen Leitgedanken bewußt festzuhalten.

2. Parapsychologie – was ist, was leistet sie?

Die Parapsychologie ist in den letzten Jahren in den Wind und ins Gespräch gekommen. Aber nur wenige wissen darüber Genaueres; obwohl ihr Stoff uns alle angeht. Denn überall geschieht Paranormales, täglich wird Parapsychisches erlebt. Mit Aberglauben oder Okkultismus hat die junge Wissenschaft nichts zu tun.

Wenn man aber von Parapsychologie spricht, so erweist es sich erfahrungsgemäß als notwendig, zunächst klarzustellen, wie sich diese Wissenschaft entwickelt hat und was sie bedeutet. Darum soll dies hier einleitend kurz skizziert werden.

Die Parapsychologie hat sich, zunächst als Grenzgebiet der »Seelenforschung« und sodann als eigenständiger Wissenszweig, von der Psychologie abgespalten. Aber die Parapsychologie selbst – die methodisch fragende Seelenlehre als strenge

Wissenschaft – hat ihre Anfänge erst im neunzehnten Jahrhundert genommen. Die Seelenforschung vorher erschöpfte sich in zwar wertvollen, aber vorwissenschaftlichen Bemühungen.

Die Anfänge wissenschaftlich exakter Forschung des Paranormalen gehen auf das letzte Drittel des neunzehnten Jahrhunderts zurück. Ein Markstein dieser neuen Wissenschaft bleibt die Gründung der britischen Society for Psychical Research (SPR) durch HENRY SIDGWICK, FREDERIC W. H. MYERS, EDMUND GURNEY, WILLIAM BARRETT und FRANK PODMORE im Jahre 1882 sowie der auf Initiative des Psychologen WILLIAM JAMES 1885 gegründeten gleichlautenden amerikanischen SPR. In neuerer Zeit bleibt die Geschichte der Parapsychologie mit dem Wirken von Männern wie JOSEPH BANKS RHINE in den USA, SAMUEL G. SOAL in England, W. H. C. TENHAEFF in Holland, LEONID L. WASSILIEW in der Sowjetunion und CHARLES RICHET in Frankreich verbunden. Richet, Physiologe an der Sorbonne und Mitbegründer des Institut Métapsychique International, gab in der Vorrede zu seinem 1922 veröffentlichten Standardwerk *Grundriß der Parapsychologie und Parapsychophysik* eine Art Grundsatzerklärung für die Parapsychologie ab. Er schrieb: »Jene, die da in diesem Buch eine Anzahl nebuloser Spekulationen über Menschenschicksal, Magie und Theosophie zu finden hoffen, werden enttäuscht sein . . . Es ist vor allem anderen notwendig, die Tatsachen zu sichern und sie im allgemeinen und im einzelnen zu beschreiben, wodurch erst ihr Hintergrund wird begriffen werden können.«

In Deutschland betätigten sich als Pioniere der Parapsychologie HANS DRIESCH, Biologe und Philosoph, der ruhig der Altmeister der deutschen Forschung genannt werden darf, MAX DESSOIR, dem die Parapsychologie ihren Namen verdankt, ferner RUDOLF TISCHNER und, in neuester Zeit, HANS BENDER (von der Universität Freiburg).

Unter den vielleicht hundert Vorkämpfern und Pionieren der Parapsychologie finden sich fast durchwegs honorable Universitätsprofessoren, bemerkenswerterweise überwiegend Naturwissenschaftler und eine ganze Reihe von Nobelpreisträgern (z. B. Richet, Nobelpreisträger 1913 für Medizin). Gleichwohl entging die junge Wissenschaft nicht dem Los grober Mißverständnisse und schlimmster Anfechtungen, dem jede Forschertätigkeit in Neuland ausgesetzt ist. Erinnern wir uns, daß es auch den Wegbereitern der Psychologie, u. a. SIGMUND FREUD mit seiner revolutionären Lehre vom Unbewußten, nicht besser erging und daß zahlreiche Wissenschaftler vor ihm noch weit Schlimmeres erfuhren: etwa GALILEO GALILEI, der wegen seiner Verteidigung des kopernikanischen (heliozentrischen) Weltbildes der Inquisition zum Opfer fiel.

Die besondere Schwierigkeit der Parapsychologie liegt in der Tatsache begründet, daß sie von – richtigen und falschen – Vorstellungen über den Okkultismus belastet ist. Umgekehrt hat eine Hauptströmung des Okkultismus, die Bewegung des Spiritismus (der von dem Glauben an Geistererscheinungen und an den Verkehr mit den Seelen Verstorbener ausgeht), entscheidende Anstöße zur Erforschung des Seelisch-Geistigen sowohl für die Psychologie als auch für die Parapsychologie gegeben. Hunderte von Fällen spiritistischer Manifestationen wie Geistererscheinungen und Materialisationen Verstorbener, Spukgeschehen und Umtriebe von Poltergeistern, Tischrücken und Levitationen u. a. m. wurden von Parapsychologen von Rang untersucht und auf die Tatsächlichkeit eines paranormalen Geschehens hin überprüft. Vieles wurde als Schwindel, manches als Selbsttäuschung der Beteiligten entlarvt. Manche Fälle entzogen sich einem abschließenden Urteil. In anderen Fällen aber wiederum wurden paranormale Phänomene nachgewiesen.

Die junge Wissenschaft kämpft jedoch auch gegen die Vorurteile dogmatisch festgelegter Wissenschaftler anderer Disziplinen. Dazu ist sie vorläufig noch verurteilt, obwohl sie als Wissenschaft längst akademisches Bürgerrecht erlangt hat (berühmt sind in dieser Hinsicht, um nur die allerwichtigsten zu nennen, die Duke-Universität in Durham, USA, die Universitäten Groningen, Utrecht, Bonn, Freiburg, Innsbruck, Leningrad und die Sorbonne). Die Parapsychologie ringt schließlich auch mit sich selbst – vor allem um eine einheitliche und einwandfreie Methodik und eine einheitliche Terminologie –, und sie kämpft schließlich gegen die Unwissenheit der Masse, gegen Aberglauben und einen von der Sensationsliteratur und -presse genährten Boulevard-Okkultismus oder Schaubuden-Hokuspokus, die der seriösen Sache mehr schaden als nützen.

Was ist nun Parapsychologie wirklich? Was erforscht, was leistet sie? Bis in jüngster Zeit wurde sie, wie gesagt, auf die Erforschung »okkult« genannter Erscheinungen (Driesch) oder des Übersinnlichen festgelegt. Heute wird betont, daß es sich dabei um völlig natürliche Phänomene handelt, die jedoch »außerhalb der uns heute bekannten Gesetze über das Verhalten von Energien ablaufen« (Milan Rýzl). Die Forscher – Amerikaner, Russen, Deutsche – sprechen in diesem Zusammenhang von Psi-Energie. Gegenstand der Forschung sind vor allem die Phänomene der außersinnlichen Wahrnehmung (ASW), Wahrnehmungen also, die nicht auf dem Wege unserer klassischen fünf Sinne gewonnen werden. Zur ASW rechnet man Gedankenübertragung (Telepathie) und Hellsehen, wobei manche Forscher noch zwischen ASW in die Zukunft, Zukunftsschau, Vorauswissen (Präkognition) und ASW in die Vergangenheit, Rückschau (Retrokognition) unterscheiden. Neben solchen »intellektuellen« werden auch »physikalische« Phänomene erforscht, insbesondere die Psychokinese (PK), das heißt die psychische Beeinflussung der Materie und materieller Abläufe, auch biologischer Prozesse.

Zum Nachweis der Phänomene wurden in die Hunderttausende gehende Reihenversuche mit Tausenden von Versuchspersonen durchgeführt, die berühmten »ASW-Kartentests« und die »PK-Würfeltests«. Bei den Kartentests hatten die Versuchspersonen die Spielkarten zu erraten, bei den Würfeltests den Fall eines maschinell ausgeworfenen Würfels zu beeinflussen. Die Ergebnisse waren verblüffend: was seinerzeit nur bei Séancen an Medien feststellbar gewesen war, konnte nun im streng kontrollierten Experiment nachgewiesen werden. Aufgrund solcher quantitativ-statistischer Methoden und deren Ergebnissen gilt heute als erwiesen, daß der Mensch zur außersinnlichen Wahrnehmung und zur Psychokinese befähigt ist und daß es ASW und PK tatsächlich gibt.

Da die Phänomene der außersinnlichen Wahrnehmung – volkstümlich »Telepathie« und »Hellsehen« – offensichtlich vom Unbewußten hervorgebracht werden, lag es nahe, die Weckung und Entwicklung dieser Fähigkeiten im hypnotischen Zustand zu versuchen. In hypnotischer Trance ist ja der Mensch entspannt, jenseits intellektueller Spekulation und suggestibler – ein Zustand, der ASW-Phänomene begünstigt. Tatsächlich wurden schon früh Versuche unternommen, um einerseits parapsychische und andererseits hypnotische Phänomene hervorzurufen. Der französische Psychologe PIERRE JANET und der Physiologe CHARLES RICHET sind durch solche Experimente in die Geschichte eingegangen.

Der weltweit führende Forscher auf diesem Gebiet – der Parapsychologie in Verbindung mit der Hypnose – ist heutzutage zweifellos der schon erwähnte MILAN RÝZL, ein tschechischer Naturwissenschaftler und Parapsychologe, der nach seiner abenteuerlichen Flucht aus dem Osten als freier Forscher und Schriftsteller in den USA lebte und heute Professor an der John F. Kennedy University in Orinda, Kalifornien, ist. Seine in parapsychologischen Fachzeitschriften und mehreren Büchern in zahlreichen Sprachen publizierten Experimente sind – bei strengster Wissenschaftlichkeit dieses Forschers – wahrhaft sensationell. Dieser mit dem »McDougall-Preis für hervorragende Arbeit in der Parapsychologie« ausgezeichnete Forscher hat sogar bereits für jedermann praktikable Methoden eines regelrechten ASW-Trainings zur Weckung und Aktivierung des sechsten Sinnes entwickelt (*ASW-Training*, erschienen im Ariston Verlag, Genf).

Nicht gerade alles, wovon heutzutage unter der Flagge der in Mode gekommenen Parapsychologie berichtet wird, ist ernst zu nehmen. Im Schlepptau der jungen Wissenschaft treibt gerade heute wieder wahrhaft okkulte Literatur ihre wunderlichen Blüten.

Die Grundphänomene der außersinnlichen Wahrnehmung jedoch – Telepathie und Hellsehen – dürfen heute als wissenschaftlich gesichert gelten. Weit weniger gesichert erscheinen hingegen die Phänomene der Beeinflussung physikalischer, chemischer oder biochemischer Abläufe sowie von Tieren und Pflanzen durch parapsychische Kraft. Immerhin darf auch die Psychokinese als experimentell erwiesen gelten und hier festgestellt werden, daß derzeit in aller Welt faszinierende Forschungsarbeiten auch auf diesem Gebiet im Gange sind.

Manches andere hingegen – beispielsweise die Frage der Reinkarnation – ermangelt heute noch unwiderlegbarer Beweise im wissenschaftlichen Sinn. Doch muß auch der größte Skeptiker alles, was heute wissenschaftlich noch nicht einwandfrei erwiesen ist, als brauchbare Arbeitshypothese für weitere Forschungen gelten lassen. Hätten sich etwa vor hundert Jahren die weltbildverändernde Relativitätstheorie oder die Astronautenflüge nicht auch unglaublich, wie reine Utopie, ausgenommen? Oder die heute gesicherte Lehre vom Unbewußten? Eines »kollektiven Unbewußten«, das alle unsere verdrängten Erlebnisinhalte, für uns vergessen, aufspeichert wie ein Computer?

Die Naturwissenschaften und technologischen Errungenschaften sind weit vorangetrieben. Unser Weltbild hat sich nach außen in den begehbar gewordenen kosmischen Raum, nach innen in die Tiefen des Unbewußten enorm erweitert. Viele Forscher, darunter auch, wie wir noch sehen werden, namhafte Naturwissenschaftler und Technologen, sind aber überzeugt, daß sich die größten Revolutionen in naher Zukunft eher im Forschungsbereich des Innenlebens als der Außenwelt ereignen werden, insbesondere im Wissensfeld der Psychologie, der Parapsychologie und der über die orthodoxe Naturwissenschaft hinausstrebenden Physik. Professor Dr. MILAN RÝZL sagt dazu:

»Wer die parapsychischen Phänomene in unser Weltbild eingliedern will, muß die altübernommenen Konzeptionen von Materie, Raum und Zeit revidieren.«

Nach diesem Ausflug in das Forschungsgebiet der Parapsychologie drängt sich uns die Frage auf: Aber woher kommt die Kraft, die die paranormalen Phänomene zu bewirken vermag? Ist es vielleicht die »Atomkraft des Geistes«, deren höchste Form die gesamte Schöpfung ist?

Manche Forscher sprechen in diesem Zusammenhang, wie gesagt, von Psi-Energie – im vollen Bewußtsein, daß der Begriff »Energie« nur in Ermangelung eines besseren aus der Physik entlehnt und benutzt wird.

In der Physik steht das Wort für einen klar umrissenen Begriff. Die Physik kann Aussagen über Strukturen und deren Verhältnisse zueinander machen, aber nicht über das Wesen einer bestimmten Energie. Man könnte sagen, Energie ist ein Informations- und Wirkungsträger. Entropie ist ein Maß für die Nutzbarkeit von Energie. Sie betrifft das vorhandene Ordnungssystem. Hier finden wir gewisse Bestimmungen über Wirkung und Qualität.

Darüber aber, welcher Art oder welchen Wesens diese wirkende Energie ist, kann die Physik nichts sagen. Ob eine Maschine betrieben oder Muskeln bewegt werden, ob ein Computer oder das menschliche Gehirn Informationen verarbeitet – jeweils wird Arbeit geleistet, und das ist Energie.

Hält ein Dauerläufer länger durch als ein anderer, so sagen wir: »Der hat aber Energie!« Gut, natürlich verfügt er über eine bestimmte physische Energie. Von welcher Art ist aber diese Energie, die ihn zum Durchhalten befähigt? Was ist das Wesen der Energie von Ehrgeiz, Zorn oder derjenigen, die in der menschlichen Körperzelle vorhanden ist und auch zwischen den Zellen Verbindungen schafft?

Diese unbefriedigende Situation war es, die bedeutende Physiker zu weiterem Nachdenken veranlaßte. Die Struktur war zu erklären, und doch ist das *Wesentliche* noch offen. Gewiß versteht man MAX PLANCK falsch, wenn man denkt, daß er im physikalischen Sinn Energie, Geist und Gott gleichsetzen wollte; vielmehr glaubte er, daß hinter den Erscheinungen der Materie und Energie eine geistige Kraft das Primäre ist.

Weitere Beweisführungen zu erbringen, dazu ist die Parapsychologie angetreten und, da viele ihrer Forscher Physiker sind, berufen. Durchaus ist die Möglichkeit offen, daß alle Formen der Energie die Aspekte einer zentralen, absoluten geistigen Kraft sind, wie es die Sanskritphilosophie behauptete.

Von keinem Geringeren als LEONID L. WASSILIEW, Professor und Leiter der physiologischen Abteilung an der Universi-

tät Leningrad mit der von ihm gegründeten Spezialabteilung
für Parapsychologie, stammt der Ausspruch: »Die Entdeckung
der Psi-Energie wird von der gleichen Bedeutung sein wie die
der Atomenergie.«

Zweifellos ist die Entdeckung Geist = Energie nicht weniger
bedeutend als die Entdeckung Materie = Energie.

Wenn heutzutage Manager dazu übergehen, in Kursen verschiedenster Bezeichnungen ihre seelisch-geistigen bzw. psychischen Kräfte zu trainieren, wie es in den USA üblich ist und
nun auch in Europa eingesetzt hat, so liegt dem ein persönli-
cher Vorteil sicher zugrunde. Ob das Ergebnis allerdings der
Allgemeinheit zum Guten dient, ist fraglich. Auf dem Wirt-
schaftssektor können wir alle die Wirkung gedanklicher Steuerung an uns erfahren, wenn wir uns nicht bewußt der Werbung
entziehen. So kann es passieren, daß wir eine bestimmte
Zahnpasta nur wegen ihrer anziehenden Verpackung kaufen,
vielleicht auch nur weil uns ihr Name vom Radio her noch im
Ohr ist.

Auch auf dem Gebiet des Sports ist das »Psychotraining«
zum Begriff geworden. Richtiger ausgedrückt müßte es eher
»Mentaltraining« heißen; denn es sind zumeist reine Denkformeln, mit denen sich die Spitzensportler zum Erfolg, zur
Weltbestleistung, programmieren. Im Spitzenleistungssport ist
die Grenze der Nutzung aller körperlichen und technischen
Möglichkeiten erreicht. Eine Leistungssteigerung ermöglicht
nur noch das hinzukommende geistige Training.

Nach dem Motto »Alles ist zuerst im Geiste, was später in der
Realität entsteht« fahren Schiläufer ihre Abfahrten zum Sieg
erfolgreich – in Gedanken – schon vor dem Lauf. In ihrer
Vorstellung sehen sie sich schon vor dem Start in perfekter
Kondition und in hervorragender Zeit auf der Piste.

Von der berühmten brasilianischen Fußballmannschaft weiß

man, daß sie in mentalen und psychischen Techniken trainiert
wird.

Der russische Weltrekordler im Gewichtheben WASSILIJ
ALEXEJEW sagt: »Ich muß das Gewicht erst geistig bewältigt
haben, sonst krieg ich kein Kilo hoch.«

Und natürlich könnten diese neuen Möglichkeiten in der
Politik, in Spionage und Kriegsführung eingesetzt werden. Aus
der Sowjetunion dringt aus verständlichen Gründen wenig
über diesen Forschungszweig in den Westen. Es wird behaup-
tet, daß die Sowjetunion, die für Psi-Forschung viele Millionen
Rubel jährlich ausgibt, den USA auf diesem Sektor kaum
nachsteht.

Das Stanford Research Institute in Kalifornien erhält bedeutende Beträge von der amerikanischen Regierung für die
Erforschung paranormaler Phänomene. Dort arbeiten zwei
hervorragende Physiker und Psychotroniker, RUSSEL TARG
und HAROLD PUTHOFF.

Als Fachleute einer Spezialeinheit der US-Marine (die elek-
tronisch gegnerische Atomraketen und Atom-U-Boote orten
sollen, bevor diese Amerika erreichen) in Stanford waren, um
bei Experimenten dabei zu sein, kommentierte Puthoff: »Die
Militärs waren baff, als wir ihnen demonstrierten, wie eine
Testperson mit Hilfe von Telepathie militärische Ziele ausma-
chen konnte, die für Computer und Radarsysteme außer
Reichweite lagen.«

Der amerikanische Atomingenieur TOM BEARDEN hält es für
denkbar, Atombomben in Feindesland zu deponieren, »die mit
einem psychotronischen Auslösemechanismus versehen sind«,
daß also die Bomben durch psychische Energie gezündet
werden können.

Wird künftig das Gedankenlesen und die telepathische
Beeinflussung anderer Menschen zur Normalausbildung von

Spionen gehören? Oder ist dies schon der Fall, wie dies der Schriftsteller ALEXANDER SOLSCHENYZIN vom Ostblock behauptete?

Angeblich haben russische Wissenschaftler festgestellt, daß durch Gedankenübertragung (Telepathie) die roten und weißen Blutkörperchen verändert werden können. Auf diese Art könnten Menschen unter gezieltem »Psychobeschuß« ihrer Gesundheit beraubt und Politiker in der Ausübung ihrer beruflichen Pflichten behindert werden.

Es läßt sich kaum überprüfen, inwieweit diese Meldungen über neue Psychotechniken in der Hand von Polit- und Kriegsstrategen ernst zu nehmen oder als plumpe Geschäfte von Sensationsmachern zu betrachten sind; sie machen uns aber auf schockartige Weise die unerhörten Kräfte klar, die im Menschen schlummern.

Nun bleibt noch die Frage zu klären, welches die Voraussetzungen für das erfolgreiche Funktionieren der außersinnlichen Wahrnehmung (ASW) und der Psychokinese (PK) sind. Es sind drei entscheidende Faktoren:

1. Intensiver Wunsch (die Information zu erhalten oder Kräfte auszusenden).
2. Entspannung (sowohl in körperlicher als auch geistiger Hinsicht).
3. Passives Warten (auf das Eintreffen der Information oder auf die erfolgende Wirkung).

Diese Faktoren stellen das Ergebnis parapsychologischer Untersuchungen dar. Dabei fällt die Übereinstimmung mit den Techniken der ältesten aller heute noch bekannten Geistesschulungen auf. Die Empfehlungen des jahrtausendealten Yoga decken sich mit neuesten Forschungsergebnissen (siehe Kapitel 5). Natürlich gehört einige Ausdauer dazu, diese Techniken zu erlernen. Andererseits gibt es heute bereits praktikable Methoden zur Aktivierung und Entwicklung parapsychischer Fähigkeiten, die in jedem Menschen schlummern.

Als Pionier und Schrittmacher auf diesem Gebiet gilt, wie bereits erwähnt, Milan Rýzl, der als Universitätsprofessor fünfzig Freiwillige unter seinen Studenten binnen vierzehn Tagen zu Sensitiven – die ihre neuerworbenen ASW-Fähigkeiten in streng kontrollierten Experimenten unter Beweis stellten – hochzutrainieren verstand. Der für seine methodische und verantwortungsbewußte Arbeit bekannte Forscher, von dem es heißt, daß von ihm die bestdokumentierten ASW-Untersuchungen der Welt stammen, ging deshalb ohne sein Zutun als »Medienschöpfer« ins *Guiness' Buch der Weltrekorde* und in die unter der Flagge der Parapsychologie segelnde einschlägige Populärliteratur ein. Mehr als das wiegt zweifellos Professor Dr. Leonid Wassiliews Stellungnahme, der »Milan Rýzls Methode zur Aktivierung der Psi-Kräfte als eine der vielversprechendsten Entwicklungen unserer Zeit« bezeichnete.

So sehen wir: Die Parapsychologie liefert uns Fakten über Mechanismen, die auch im Alltagsleben praktikabel werden, und erweist wie jede wissenschaftliche Erkenntnis ihren Wert in der Anwendbarkeit der Theorie in der Praxis. Wissenschaft wäre wertlos, gäbe es sie nur zum Selbstzweck. Ihre Berechtigung hat die Parapsychologie bereits überzeugend erwiesen.

Philosophie, Psychologie, überhaupt alle Geisteswissenschaften, Pädagogik, Medizin und alle Lebensbereiche des Menschen werden von den Erkenntnissen der Parapsychologie beeinflußt und erneuert werden. Nichts bleibt unverändert. Das Weltgesetz ständiger Wandlung gilt auch hier. Der daraus entstehende Fortschritt in der gegenwärtigen Epoche einer einschneidenden Zeitwende hat uns zu einer neuen Basis menschlicher Evolution geführt, auf eine höhere Ebene

menschlichen Bewußtseins und neuer phantastisch anmuten-
der Möglichkeiten.

FAZIT PARAPSYCHOLOGISCHER FORSCHUNG:

*Es gibt die »Atomkraft des Geistes«. Der einzelne ist, was er von
dieser Kraft zu mobilisieren vermag. Dazu dient ihm sein
Denken.*

3. Ein Blick zurück zum Fortschritt!

MARCO POLO, den venezianischen Edelmann, der im dreizehnten Jahrhundert lebte, zog die Weisheit des Ostens so stark an,
daß er sich erst nach vierundzwanzig Jahren seines Aufenthal-
tes in China davon befreien und in die Heimat zurückkehren
konnte.

Ähnlich ging es auch den meisten Indologen. SIR JOHN
WOODROFFE diente der englischen Krone in Indien in höchster
juristischer Stellung. Dreißig Jahre lebte er dort, war Richter
am obersten Gerichtshof in Kalkutta und widmete jede freie
Stunde dem Studium der ältesten Weisheitsschriften der
Menschheit, unterrichtet von gelehrten Pandits und Kennern
des Sanskrits.

Es gibt keine Erklärungen, warum die wertvollen Kenntnisse
des altindischen Schrifttums in Vergessenheit gerieten und
unbenutzt blieben. In der jetzigen Zeit schauen wir nach
Osten, weil dort aufgehoben wurde, was unser »reiches«
industrialisiertes Leben wahrhaft bereichern könnte.

Doch in höchstem Maße gefährlich ist die westliche Freiheit, die jedem, der ein Einreisevisum erhält, erlaubt, mit Halbwissen oder sogar Bluff als »Guru« oder Yogalehrer ein »spirituelles Zentrum« zu eröffnen. Dabei beruhen die Methoden des Yoga auf grundlegender Kenntnis des Menschen mit festgelegten und unabänderlichen Vorschriften aus den *Weden*. (*Weda* bedeutet in Sanskrit Wissen.)

Die *Weden* sind eine Sammlung altindischer Schriften. Die theosophische Gesellschaft in Madras verwahrt einen Teil derselben sorgfältig in temperaturregulierten Räumen, denn heute sind das unersetzbare Schätze. In der Zeit zwischen 1500 und 800 v. Chr. wurden die erstaunlichen Kenntnisse altindischer Weisheit in Sanskritsprache in Palmblätter eingeritzt.

Wenn Sie – zum eigenen Fortschritt – zurückschauen wollen zu jenen altindischen Weisheiten, dann fragen Sie sich: Wer kann mich lehren? und prüfen Sie sorgfältig jeden »Lehrer«, jede Erklärung, jede Übung, ob sie Ihnen annehmbar erscheinen.

Hier nur einige Hinweise, die nahelegen, daß das, was moderne Wissenschaft des zwanzigsten Jahrhunderts entdeckt, das Wissen des Ostens der vergangenen Jahrtausende bestätigt.

Derzeit sprechen Psychologen und Parapsychologen von dem von CARL GUSTAV JUNG postulierten »kollektiven Unbewußten«. Die altindischen Sanskrittexte erklären dasselbe sehr genau und haben dafür das Wort »Akasha«.

Der amerikanische Atomingenieur und Psychotroniker TOM BEARDEN sieht die Realität als ein Produkt des Geistes. Moderner Physik zufolge weiß man heute, daß die Grundbausteine der Materie nicht isoliert existieren, sondern daß sie ein kompliziertes lebendes Energiespiel von Zusammenhängen sind, in dem der Beobachter das letzte Glied einer Kette bildet.

Also: Materie existiert nicht ohne den Menschen, der sie wahrnimmt. Indische Philosophie erklärt, daß das Sichtbare nicht die echte Realität ist, sondern eine Vorstellung aus dem Geist, »Maya«.

Diese speziellen Sanskritbegriffe und -wörter wie »Maya« und »Akasha« vermitteln uns die Gewißheit, daß dieses Wissen vorhanden war, bevor wir es entdeckten. Andernfalls gäbe es in der ältesten Sprache der Welt keine feststehenden Ausdrücke für Inhalte unserer neuesten Erkenntnisse.

In dieser Beziehung ist die »Forschungsgemeinschaft für östliche Weisheit und westliche Wissenschaft e. V.«, die unter Leitung von Professor CARL FRIEDRICH VON WEIZSÄCKER in Deutschland besteht, äußerst sinnvoll. Von Weizsäcker ist Physiker und Philosoph.

Wenn jedoch die Erkenntnisse und Errungenschaften moderner Wissenschaft in verantwortungsloser und frevelhafter Weise genutzt werden, kann dies tatsächlich zu Katastrophen für die Menschheit bis zur Vernichtung unseres Planeten führen. Das gilt für die Ergebnisse und Möglichkeiten der Physik ebenso wie für jene der Parapsychologie – zur Vermeidung eines Atomkrieges ebenso wie eines Psychokrieges! Jede für den einzelnen und die Menschheit wünschenswerte förderliche Nutzung wissenschaftlichen Fortschritts setzt sittlich reife, verantwortungsbewußte Menschen »am Werk« voraus. Und gerade auch in dieser Hinsicht können wir von den alten Indern viel lernen, nicht nur in bezug auf das, *was* sie sagten, sondern auch *wem* sie es sagten. Wahre geistige Lehrer vermittelten ihr Wissen immer nur den spirituell Reifen. So muß auch grundsätzlich vor unzeitgemäßem Wecken der außergewöhnlichen, der paranormalen Fähigkeiten gewarnt werden. Auch die Anwendung geistiger Kraft setzt sittliche Reife voraus.

Die Kraft des Geistes und somit die Kraft menschlichen

Denkens steht der des Atoms nicht nach – im Gegenteil. Deswegen eben kommt es so sehr auf eine verantwortungsvolle Einstellung von uns allen an. Nur so ist der Mißbrauch der Naturkräfte ausgeschlossen. Und solcher Mißbrauch kann ganze Völker und sogar die Menschheit bedrohen. Aber auch in den persönlichen Bereichen, wo infolge seelisch-geistiger Fehlhaltung Neid, Eifersucht, Ehrgeiz und andere zerstörerische Strebungen die Gedanken beherrschen, können diese geistigen Energien zum Unguten genutzt werden.

Wenn Sie das Fazit daraus ziehen, daß geistige Kraft die Kraft schlechthin ist und die eigentliche Realität erst schafft und schöpferisch gestaltet und daß sie durch positives Denken mobilisiert wird, dann wissen Sie, welche Macht *zum eigenen und anderer Menschen Wohlergehen* in Ihrer Reichweite liegt. Dieses Wissen wird in für Sie überraschender Weise zu Ihrer Weiterentwicklung beitragen. Es wird Ihnen automatisch und ganz natürlich mehr und mehr Erkenntnisse, mehr und mehr Möglichkeiten eröffnen.

LEITSATZ:

Setzen Sie die durch Ihr Denken aktivierte geistige Kraft bewußt zum eigenen und anderer Menschen Wohl ein.

Kapitel 2

Beweist heutige Forschung das älteste Wissen der Menschheit?

1. Zur Beweisführung: Einstein, Heisenberg, Planck und andere Wissenschaftler

Die Menschheit hat mit ihrem Entwicklungstrieb und dem Verstand viel erreicht. Nun aber ist sie an eine gewisse Schranke gelangt. Hier liegt eine Schwierigkeit für die Evolution, für die Weiterentwicklung, und zugleich die große Chance. Denn Schranke bedeutet hier nicht unüberschreitbare Grenze, sondern lediglich das Erfordernis besonderer Anstrengung, das jenseitige Gebiet neuer Möglichkeiten zu betreten.

Unversehens fanden sich die Physiker bei ihren Forschungen mitten in der Mystik, mitten in den Geheimnissen dieser unserer Welt in Beziehung zu Gott.

Vom allgemeinen wissenschaftlichen Standpunkt aus will man keine höheren Prinzipien anerkennen und stellt die unsichtbare Gottheit in Abrede. Und doch: Die besten unserer Physiker haben dieses Hindernis überwunden und sprechen frei aus, daß der Urzustand der Materie reiner Geist ist, die große Ordnung, Gott. Nachdem ja Physik diejenige der Naturwissenschaften ist, die mit mathematischen Mitteln und experimenteller Forschung die Grundgesetze der Natur untersucht, ist das doch sehr erstaunlich.

Ein Lob der Wissenschaft, die uns, über die Erkenntnisse der

Materie hinaus, heranführt an die Tatsache: *Der Geist ist der Materie übergeordnet!* Wir sind am Ende des zwanzigsten Jahrhunderts nicht mehr in der schwierigen Situation, unsichtbare Dinge nur entweder glauben oder ablehnen zu müssen. Wir wissen, daß auch unsichtbare Werte und Kräfte existieren, denn sie sind berechenbar und meßbar geworden.

MAX PLANCK, der berühmte deutsche Physiker, legte die entscheidende Grundlage zur Atomforschung. Er gab der Menschheit sozusagen den Schlüssel zum atomaren Geschehen. Im Jahre 1858 geboren, war er schon 1885 Professor der Physik und erarbeitete in der Folge die Quantentheorie über Strahlungsenergie, für die er 1918 den Nobelpreis erhielt.

Nicht nur das Atom, Strahlungsenergie, Wärme- und Elektrizitätslehre zählten zu seinen Forschungsanliegen, sondern nicht zuletzt auch die philosophische Erhellung der neuen physikalischen Erkenntnisse. Der große Forscher starb 1947. Jahre zuvor äußerte er sich auf einem Gelehrtenkongreß in Florenz sehr deutlich:

»Meine Herren, als Physiker, also als Mann, der sein ganzes Leben der nüchternsten Wissenschaft, der Erforschung der Materie diente, bin ich sicher von dem Verdacht frei, für einen Schwarmgeist gehalten zu werden. Und so sage ich Ihnen nach meinen Erkenntnissen des Atoms dieses: Es gibt keine Materie an sich! Alle Materie entsteht und besteht nur durch eine Kraft, welche die Atomteilchen in Schwingung bringt. Da es im ganzen Weltall aber weder eine intelligente noch eine ewige Kraft gibt, so müssen wir hinter dieser Kraft einen bewußten intelligenten Geist annehmen.

Dieser Geist ist der Urgrund aller Materie. Nicht die sichtbare, aber vergängliche Materie ist das Reale, Wahre, Wirkliche, sondern der unsichtbare, unsterbliche Geist ist das Wahre! Da es Geist an sich ebenfalls nicht geben kann, sondern jeder

Geist einem Wesen zugehört, so müssen wir zwingend Geistwesen annehmen.

Da aber Geistwesen nicht aus sich selbst sein können,
sondern geschaffen worden sein müssen, so scheue ich mich
nicht, diesen geheimnisvollen Schöpfer ebenso zu benennen,
wie ihn alle Kulturvölker der Erde früherer Jahrtausende
genannt haben: *Gott!*«

SIR ARTHUR EDDINGTON, der britische Astronom und ebenfalls Physiker (1882–1944), wurde berühmt durch seine Forschungen über den inneren Aufbau der Sterne und setzte sich
als einer der ersten für die Allgemeine Relativitätstheorie ein,
die er auch experimentell begründete. Von ihm stammt der
Ausspruch:

»In der Welt der Physik betrachten wir das Drama des
Lebens im Schattenspiel. Der Stoff der Welt ist der Stoff des
Geistes.«

ALBERT EINSTEIN, der Begründer der Allgemeinen Relativitätstheorie, wurde, 1879 in Ulm geboren, 1909 als Professor
nach Zürich berufen. Für seine Beiträge zur Quantentheorie
erhielt er 1921 den Nobelpreis für Physik. Albert Einstein starb
1955 in Princetown, USA.

Daß seine Theorien – lange Zeit bekämpft – sich bewahrhei-
tet haben, das beweisen die Explosionen der Kernwaffen.
Durch seine Forschung wurde der Begriff der »absoluten Zeit«
und des »absoluten Raumes« aufgegeben. Seine Erkenntnis,
die ein neues Zeitalter einleitete, lautet: »*Materie ist eine
bestimmte Zustandsform der Energie.*«

Darin kann man einen schöpferischen Wirkungsmechanismus sehen. Es wird klar, daß die Vorstellung, die viele
Menschen von der Materie haben, unzulänglich ist. So kam
auch MAX PLANCK zu der Annahme, daß bei Energie und
Materie eine geistige Kraft das Primäre zu sein scheint.

Das »Übergehirn einer Epoche«, wie man Albert Einstein nannte, überlieferte der Nachwelt als letzte Erkenntnis seines Lebens:

»Das tiefste und erhabenste Gefühl, dessen wir fähig sind, ist das Erlebnis des Mystischen. Mystik ist die Lehre von den Weltgeheimnissen. Durch Versenkung wird das unmittelbare Gotterlebnis gesucht. Aus ihm allein keimt wahre Wissenschaft. Wem dieses Gefühl fremd ist, wer sich nicht mehr wundern und in Ehrfurcht verlieren kann, der ist seelisch bereits tot. Das Wissen darum, daß das Unerforschliche wirklich existiert und daß es sich als höchste Wahrheit und strahlendste Schönheit offenbart, von denen wir nur eine dumpfe Ahnung haben können – dieses Wissen und diese Ahnung sind der Kern aller Religion.

Das kosmische Erlebnis der Religion ist das stärkste und edelste Motiv naturwissenschaftlicher Forschung. (Religion ist hier nicht gemeint als konfessionelle Bindung an Christentum, Judentum, Islam usw., sondern im Sinne von »relegere« als Rückbindung an Gott.)

Meine Religion besteht in der demütigen Anbetung eines unendlichen geistigen Wesens höherer Natur, das sich selbst in den kleinen Einzelheiten kundgibt, die wir mit unseren schwachen und unzulänglichen Sinnen wahrzunehmen vermögen. Diese tiefe gefühlsmäßige Überzeugung von der *Existenz einer höheren Denkkraft, die sich im unerforschlichen Weltall manifestiert*, bildet den Inhalt meiner Gottesvorstellung.«

Von einer metaphysischen, also die Physik übersteigenden philosophischen Einstellung zu den letzten Gründen und Zusammenhängen des Seins zeugt auch die Antwort Albert Einsteins auf das Telegramm eines Rabbiners: »Glauben Sie an Gott? Stop. Bezahlte Antwort 50 Wörter.«

Einsteins Antwort: »Ich glaube an Spinozas Gott, der sich in der Harmonie des Seienden offenbart.« BARUCH DE SPINOZA war ein Philosoph des siebzehnten Jahrhunderts, von dem *Goethe* sagte, daß dessen Erkenntnisse sein Wesen und Werk geprägt haben.

WERNER HEISENBERG, ein weiterer Großer unter den Physikern, dessen Arbeit untrennbar mit der Atomforschung verbunden ist, wurde 1901 in Würzburg geboren und starb 1976 in München. Schon mit sechsundzwanzig Jahren wurde er Professor für theoretische Physik an der Universität Leipzig. Seine Theorie der Unschärferelation beachtet die Tatsache, daß gewisse Dinge im Bereich des atomaren Geschehens nur »unscharf« zu erfassen sind, weil die Bedingungen zur Beobachtung den beobachteten Vorgang beeinflussen.

Dieser bedeutende und in der Welt geachtete Naturwissenschaftler, der die letztendliche Unschärfe nachweist, erklärte sich überzeugt, daß hinter allen physikalischen Rätseln eine »zentrale Ordnung« steht. Diese zentrale Ordnung war sein Gottesbegriff. Er erarbeitete eine »Einheitliche Theorie der Materie«, volkstümlich »Weltformel«, mit welcher er eine göttliche Ordnung hinter allen Dingen nachzuweisen suchte. Heisenberg selbst hat an ihrer Gültigkeit nie gezweifelt.

»Ich bin«, erklärte er, »in meinem langen Leben viele Wege in der Wissenschaft gegangen und habe eines gefunden: *Gott.*«

Wenn man also heutzutage über Physik spricht, muß man billigerweise berücksichtigen, zu welchen Erkenntnissen die größten Physiker unserer Zeit gelangten:

1. EDDINGTON: »Der Stoff der Welt ist der Stoff des Geistes.«
2. EINSTEIN: »Existenz einer höheren Denkkraft.«
3. HEISENBERG: »Zentrale Ordnung – Gott.«
4. PLANCK: »Urgrund aller Materie – Geist, Gott.«

So sehen wir auch, daß die Annahme des ANAXAGORAS, der um 500 bis 428 v. Chr. lebte, und anderer altgriechischer

Naturphilosophen nicht so abwegig war. Anaxagoras vertrat in seinem Werk *Über die Natur* die Auffassung des Dualismus (Zweipoligkeit, Gegensätzlichkeit), die Zweiheit von Kraft und Stoff. Er sah die Welt als ein Chaos von verschiedensten Urbestandteilchen, in das der Weltgeist, die Weltvernunft schöpferische Ordnung brachte, indem er die Urbestandteile in Bewegung setzte und sich dadurch organische Gestalten entwickelten. Seine Vorstellung war, daß dieser Weltgeist in der Materie enthalten ist, ohne sich mit ihr zu vermischen.

Doch die ältesten Schriften der Welt, die altindischen *Weden*, sagen es noch viel deutlicher. Da heißt es:

»Der absolute Urgeist verursacht durch ihm eigene Energie Bewegungen, wodurch materielle Erscheinungsformen sichtbar werden.«

Gewiß ist diese von einem Urgeist oder einer Urkraft hergestellte Ordnung vorhanden – doch sie ist für den menschlichen Verstand nicht nachvollziehbar. Denn diese Ordnung ist ein Teil des »Absoluten«. Jeder Mensch ist zwar eine Darstellung dessen, aber gleichzeitig ein außerhalb stehendes Einzelwesen. Bei der genauesten Forschung muß demnach eine gewisse »Unschärferelation« (Heisenberg) auftreten. Denn der Mensch ist nicht selbst das »Absolute«, sondern nur der Beobachtende. Lediglich von einem äußeren Standpunkt aus kann der Mensch das »Absolute« betrachten und erforschen. Somit wird die Unschärferelation für den Beschauer eine Tatsache bleiben. Aber das ändert nichts, und das hebt die gleichzeitig vorhandene grundlegende Ordnung nicht auf. Das Chaos ist nur ein Teil der großen Ordnung.

Die Wissenschaftler des zwanzigsten Jahrhunderts haben geforscht, und sie forschen weiter, und jedes erreichte Ziel wurde und wird zwangsläufig zum Ausgangspunkt neuer Forschung. Denn immer entdecken wir: Die neue Erkenntnis beruht auf einer bisher unbekannten Gesetzmäßigkeit. Und um diese herauszufinden und zu beweisen, beginnt das Spiel jeweils wieder von vorne und endet wiederum mit dem Ergebnis einer bislang unbekannt gewesenen höheren Ordnung.

Der Mensch wird das Absolute hinter allem Dasein nicht enträtseln können, solange er als Mensch von diesem getrennt ist. Bis an die Grenze des Verstandes der heutigen Menschheit vorgestoßen, sprechen die größten Wissenschaftler von dem »Urgrund des Seins« von einer »zentralen Ordnung« und nennen es: *»Gott«.* Es gibt kein besseres Wort für das, was höchste physikalische, metaphysische, philosophische, mentale, emotionale und spirituelle Erfahrungen erkennen lassen.

Wenn ich im weiteren von »Gott« spreche, dann ist Gott in diesem Sinne zu verstehen. Dieser Gottesbegriff entspricht meiner klaren Vorstellung, und sie wurde durch die Erfahrungen und Erkenntnisse der zitierten sowie anderer weltberühmter Wissenschaftler nur gefestigt.

Fassen wir zusammen: Ursprung aller Materie ist absolute Geistenergie. Das Sichtbarwerden geschieht durch die Bewegung, mit der energetische Vorgänge ablaufen – eine physikalische Tatsache. Der unsichtbare Gott stellt sich in der sichtbaren Natur dar.

»Die gesamte Schöpfung sind die Gedanken Gottes«, sagt die Hinduphilosophie. Der gleiche Mechanismus wirkt auch auf menschlicher Ebene: *Die Welt, die Lebenserfahrungen des einzelnen sind jeweils seine sichtbar gewordenen Gedanken.*

Es sind energetische Kräfte, die den Kosmos erschufen und gestalten. Solche energetische Kräfte sind auch die menschlichen Gedanken. Diese können ebenso schöpferische Aktionen verursachen. Das gleiche Gesetz wirkt in verkleinertem Maßstab.

Wozu aber dient nun dieses Aufzählen physikalischer und

mystischer Erkenntnisse bis hin zum Gottesbegriff? Kann das zum Thema und zum Erlernen des positiven Denkens etwas beitragen? Ja!

Es ist ausgerechnet die sachlichste aller Naturwissenschaften, die Physik, die uns nahelegt, daß alles, was existiert, auf das, was wir Gott nennen, zurückführt, auch die psychischen Energien. Und diese Psi-Energie, von der Professor LEONID WASSILIEW sagte, sie werde von der gleichen Bedeutung sein wie die Atomenergie, kann auf verschiedenen Anwendungsgebieten ausgelöst werden.

Warum mit unserem Denken diese Kräfte mobilisiert werden und warum wir den Gottesbegriff nicht ausschließen können, das wird noch ausführlich behandelt werden.

VORLÄUFIGE ERKENNTNIS:

Naturwissenschaft schließt eine Urenergie als einen göttlichen Ausdruck nicht aus. Ich, als Mensch, habe kraft Geistes Anteil am Göttlichen, an dieser Energie. Aufgrund meines Denkens habe ich die Möglichkeit, mich dieser Energie zu bedienen und für meine Welt schöpferisch zu wirken.

2. »Am Anfang war das Wort . . .«

Die Anerkennung und die Existenz des Geistes als Urenergie oder das, was wir Gott nennen, steht jenseits konfessioneller Bindungen.

Viele Botschaften und Zeugnisse in den heiligen Schriften

verschiedenster Völker sagen dasselbe. Der Mensch von heute
nimmt sie hin – als verschlüsselte, als allegorische Geschichten
ohne besonderen Wert. Wer vermutet in ihnen Aussagen, die
für ihn zu Erkenntnissen werden könnten, die sein ganzes
Leben zu verändern, zu vertiefen und zu verbessern ver-
möchten?

Wohl ahnt man, daß »etwas dahinter steckt«, doch erkannt
wird nur das Bild, nicht der Sinn. Und doch wissen einige (aber
es ist nicht allgemein bekannt), daß viele Zeugnisse dieser
heiligen Schriften geradezu Beschreibungen naturwissenschaftlicher Wahrheiten darstellen.

Zitate aus der *Bibel* unseres christlichen Kulturkreises und
aus den *Weden* Indiens können dies veranschaulichen. Gleich
oder ähnlich lautende Texte sind in sämtlichen religiösen
Kulturen zu finden.

Moderne Forschung hat uns gelehrt:

o Alles Sichtbare (Materie) ist Energie (Grundkraft aller
  Dinge).
o Energie liegt Geist zugrunde.
o Geist ist die Darstellung des einzigen Absoluten, d. h.
  Gottes.

Damit steht der Mensch vor einer Realität, die für ihn nicht
mehr erfaßbar ist.

Jeder, der sich mit atomphysikalischen Gesetzen beschäftigt,
weiß, daß eine Erscheinungsform der subatomaren Einheiten
der Materie elektromagnetische Schwingung ist.

Nur staunend können wir darum das große Wissen bewundern, wenn wir in den alten *Weden* lesen:

Aus Om [= göttliche Schwingung] gehen Kala [= Zeit],
Descha [= Raum] und Anu [= Atome] hervor.

Diese Form des Ausdrucks indischer Weisheit verdeutlicht,
daß schon tausend Jahre vor Christus ein konkretes Wissen um

das Atom vorhanden war (verblüffend erscheint auch die Ähnlichkeit der Bezeichnung: Anu = Atom).

Om bedeutet das Wort. Dieses Schwingungssymbol stellt den Symbolwert der gesamten sichtbar gewordenen göttlichen Schöpfung dar. Eine uralte Gebetsformel in Sanskrit beginnt: »Om bhur bhava svaha . . .« Das heißt: Grüße an das Wort, das gegenwärtig ist in den drei Sphären der Existenz.

In der christlichen Geisteswelt kennt man Om als Amen. Im Zuge unserer religiösen Erziehung mußten wir so manches auswendig lernen, ohne zu erfahren, was es wirklich bedeutet. Ziehen wir das bisher Gesagte in Betracht, so wird, glaube ich, ziemlich klar, daß Religionsunterricht, gestützt auf Physik und Philosophie, den Menschen durchaus einleuchtend erklären könnte, was z. B. in der *Offenbarung*, Kapitel 3, Vers 14, steht: »Das sagt, der Amen heißt, der treue und wahrhaftige Zeuge, der Anfang der Kreatur Gottes.« Und das *Johannesevangelium*, Kapitel 1, Vers 1, sagt uns: »Am Anfang war das Wort, und das Wort war bei Gott, und Gott war das Wort.«

Das *Johannesevangelium* war ursprünglich in Griechisch geschrieben, und in diesem Text stand für das Wort »Logos«. Die historische Quelle, zu der man diese Formulierung zurückführt, ist die altgriechische Philosophenschule der Stoiker. Ihre Lehre kannte den Monotheismus, die Lehre von einem Gott. Entsprechend dieser Vorstellung von einem einzigen Gott wählten sie dafür das Wort »Logos«, unter dem altgriechisch sowohl das (sinnvolle) Wort als auch Gottes Wort, sowohl Weltvernunft als auch Gott schlechthin zu verstehen ist.

Im *Johannesevangelium* ist Jesus Christus das verkörperte »Wort«, als vernunftvoller Geist (Kapitel 1, Vers 14): »Und das Wort ward Fleisch . . .« Im übertragenen Sinn sagt dieser Ausspruch auch: Energie kann Materie werden, oder präziser formuliert: Energie kann als Materie erscheinen.

So ist unter allen Wissenschaften gerade die Physik die bestgeeignete, die Ergebnisse der Parapsychologie zu bestätigen und sogar den zum Glauben unfähigen Menschen die Kräfte des Geistes zu offenbaren.

Auf völlig verschiedenen Bereichen ist man zu sehr ähnlichen Ergebnissen gekommen:

o Formulierung in der Physik: Aus Energie entsteht Materie.

o Philosophisch-religiöse Fassung: Göttliche Geistenergie wird durch Schwingung sichtbar.

o Das christliche Bibelwort: »Das Wort ward Fleisch . . .«

o Die geisteswissenschaftlich-psychologische Formulierung: Geistige Kraft wird durch Denken aktiviert. Unser Denken ist schöpferisch.

SCHLUSSFOLGERUNG:

Erkennen Sie die geistige Natur aller Schöpfung. Erkennen Sie die Wahrheit, die freimacht. Der Mensch ist nicht nur gebunden und schwach, sondern zugleich frei und stark: Er kann seine Zukunft kreativ gestalten, weil sein Denken schöpferisch ist.

Kapitel 3

Wie und warum funktioniert positives Denken?

1. Die Energie und das Denken

Ein amerikanischer Hirnforscher, Professor José Delgado, gab 1965 in der Stierkampfarena in Cordoba ein seltenes Schauspiel. Er hatte einem Stier zwei kleine Elektroden in das Stammhirn eingepflanzt. Mit einem drahtlosen Impulssender manipulierte er den Stier abwechselnd zu Angriff und Flucht. Der Professor stand ruhig in der Arena, ließ den Stier auf sich zutrampeln, und kurz vor dem Gefahrenmoment drückte er aufs Knöpfchen: der Stier blieb schlagartig stehen, scharrte mit den Hufen, wandte sich ab und trabte davon.

Vergleichbare Elektroimpulse kann sich der Mensch selbst geben, und zwar durch sein Denken. In der westlichen Welt ist die Methode des autogenen Trainings bekannt. Unzählige Menschen haben durch gezieltes Denken mit dieser Technik erreicht, was oft viele Jahre lang eingenommene Medikamente nicht bewirken konnten. Zwar gehört das autogene Training zur Erfahrungsmedizin. So nennt man Behandlungsweisen, die bisher nicht genauestens wissenschaftlich zu erklären sind. Aber ihre Erfolge sind da und sprechen für sich.

Das gilt beispielsweise auch in bezug auf den regelmäßigen Herzschlag. Bevor man sich einen Herzschrittmacher einsetzen läßt, sollte man versuchen, ob die elektrischen Impulse für das

Herz, die das eingebaute »Apparätle« von sich gibt, nicht aus eigener Gedankenkraft zu schaffen sind. Auf den Versuch kommt es an. Die Technik im Brustkorb (als eine anerkannt große Hilfe) sollte erst dann genutzt werden, wenn es nicht mehr anders geht. Gedanken jedenfalls sind ebenfalls Elektroimpulse!

Von einem Physiker hörte ich folgende Formulierung: »Die Bioenergie des menschlichen Körpers kann als Informationsträger dienen.« Über diese Bioenergie können die Elektroimpulse unseres Denkens dem Herzen (genau dem Sinusknoten im Herzen) die Information für den richtigen – nicht zu langsamen, nicht zu schnellen und gleichbleibend regelmäßigen – Herzschlag geben.

Eine interessante Studie machte Dr. RAIMUND BRIX 1978 an der Universitätsklinik in Wien. Es wurde die elektrische Gehirntätigkeit bei optischen und akustischen Erinnerungspotentialen gemessen, und zwar durch Elektroenzephalographie, ein Verfahren, mit dessen Hilfe die energetische Aktionstätigkeit des Gehirns von der Schädeldecke abgeleitet und mittels geeignetem Verstärker und Registriervorrichtung im Elektroenzephalogramm (EEG) aufgezeichnet wird.

Die Versuchspersonen erinnerten sich an früher wahrgenommene Bilder oder Musik. Ihre Vorstellungen ließen Energien meßbar werden; dabei stellte man meßbare Unterschiede fest zwischen der akustischen und optischen Erinnerung und bezüglich der Intensität der Konzentration. Diese zeigte sich auch als eine Brücke zu den Messungen: das heißt, je stärker die Konzentration ist, um so deutlicher sind die Signale, weil um so mehr Aufwand von Energie vorhanden ist. Sobald eine Vorstellung stark genug ist, wird das »Imaginationspotential« im EEG aufgezeichnet.

Das bedeutet: Je stärker und deutlicher die Vorstellung, um

so intensiver ist der Energieaufwand. Vorstellungen werden wirksam maßgebend aufgrund der Konzentration durch Sammlung auf ein Zentrum, auf ein Ziel, das es zu bedenken oder zu »erdenken« gilt.

Erhöhte Konzentration setzt erhöhte Energie frei. Erhöhte Energie erhöht die Möglichkeit für den Menschen, das zu verwirklichen, was er sich vorstellt, was er denkt.

Halten wir hier die bisher gewonnenen Erkenntnisse fest. Wissenschaftliche Forschung besagt: Bewegte Energie kann sich in materielle Erscheinungsformen umsetzen (EINSTEINS Formel: $E = mc^2$). Altindische Religionsphilosophie besagt: »Die gesamte Schöpfung sind Gedanken Gottes.«

Als zusätzliche Erkenntnis wollen wir hier nun festhalten: Des Menschen Denken sind Elektroimpulse. Es sind Energievorgänge. Seine Gedanken sind die schöpferischen Ursachen für die Verwirklichungen in seinem Leben.

Wir brauchen uns nicht zu verwundern und sollten nicht enttäuscht sein über das, was ist. Jeder hat es sich selbst zuvor »erdacht«. Nur wissen wir nicht, wie und wann. Denn wir sind noch nicht geschult, kontrolliert zu denken. Die Wissenschaftler haben eine neue Dimension des Bewußtseins eröffnet. Noch folgenschwerer ist das Wissen um die Kraft der Gedanken. Dieses leitet eine neue Menschheitsepoche ein.

Zu allen Zeiten gab es Menschen, die, ohne sich dessen bewußt zu sein (deswegen auch meistens nur in einem speziellen Bezug), dieses auf geistigen Gesetzmäßigkeiten beruhende Wissen praktiziert haben – Staatsmänner, Erfinder, Künstler, Sportler.

Von dem Schweden BJÖRN BORG heißt es, es sei schon immer sein Wunschtraum gewesen, der größte Tennischampion aller Zeiten zu werden. Er bestätigt: »Das hatte ich mir geschworen, als ich zwölf Jahre alt war.«

Mit zwanzig Jahren siegte er zum erstenmal in Wimbledon, dem »Mekka des Tennis«, und 1980 zum fünftenmal hintereinander. Das hatte es noch nie gegeben. Sein Erfolg ist kein Zufall, nachdem sein ganzes Denken und das daraus resultierende Handeln auf dieses Ziel gerichtet waren.

Jeder Mensch »erdenkt« sich seine Zukunft. Ob er das weiß oder nicht, es ist so! Das gilt hinsichtlich Erfolg, Gesundheit, Liebe und auch hinsichtlich aller nachteiligen Erfahrungen wie Enttäuschung, Krankheit, Zwist und Mißerfolg.

Ob der Mensch mit Schicksalsschlägen fertig wird oder ob diese ihn »fertigmachen«, ist das Ergebnis seiner Gedanken. Die Inhalte seines Denkens sind für alles Geschehene in seinem Leben, im Guten wie im Schlechten, verantwortlich.

Es gilt, *kontrolliert* zu denken und, wenn die richtige Denkweise gewonnen ist, dann *gezielt* und *konzentriert*. Der Energieablauf des Denkens schafft die Ursachen, das sichtbare Leben spiegelt die Wirkungen wider. »Erdenken« Sie sich Ihre Gesundheit, die Lösung Ihrer privaten Probleme, den Erfolg Ihrer Unternehmungen, die Freuden im Alltag – dies in positiver Weise, das heißt, in tiefer Überzeugtheit des Gelingens!

MERKSATZ:

Schöpferische Gedankenkraft wird im Leben wirksam aufgrund einer kontrollierten, gezielten, konzentrierten und entspannten (!) Anwendung.

2. Die Energie und die Körperzelle

Dr. HAROLD SAXTON BURR hat die Arbeitskraft seines Lebens der Erforschung des bioelektrischen Geschehens im menschlichen Körper gewidmet. Von den zahlreichen Veröffentlichungen über die Ergebnisse seiner Forschungen ist als letztes 1972 das Buch *Blueprint for Immortality, the Electric Patterns of Life* (im Verlag Neville Spearman Ltd., London) erschienen. Die Wahl des Untertitels »Das elektrische Schnittmuster des Lebens« drückt die Zusammenfassung seiner Erkenntnisse aus, daß elektrische Wellen Urreize für das Leben sind. Er sagte: »Das Verstehen und der Gebrauch des elektrischen Potentials im lebenden System werden wohl ein wichtiger Teil in der Wissenschaft eines neuen Zeitalters sein.«

Gewiß hat er recht, denn die Menschheit steht an einer grundlegenden Wende: Der Mensch beginnt zu begreifen, daß er nicht getrennt vom Universum ist, sondern ein Teil davon. Die Gesetze, nach denen dieses existiert, gelten und erhalten auch ihn. Kein Zufall ist der Mensch! Er ist ein integraler Teil des Kosmos, Teil einer unveränderlichen Ordnung. Die Bezeichnung des Geistes als »das Wort« ist seit jeher der Versuch, etwas darzustellen, das wir wiedererkennen in einem ursächlichen und allgegenwärtigen Energiefeld. Die elektrodynamische Situation im menschlichen Körper ist ein Teil desselben. Elektronische Messungen haben gezeigt, daß selbst eine Winzigkeit wie beispielsweise das Ei eines Frosches sein elektrisches Feld hat – genauso wie das Weltall.

Dieses elektromagnetische Potential ist überall vorhanden. Seit der Erfindung elektronischer Instrumente konnte aufgrund präziser Messungen bewiesen werden, daß der Mensch und alle Lebensformen geschaffen sind und kontrolliert werden durch bioelektrodynamische Vorgänge. Die einzelnen Körperzellen haben ihren Energiehaushalt. Sie kennen ihre bestimmte Aufgabe und können Informationen an ihre Tochterzelle oder an andere Stellen im Körper weitergeben.

Der deutsche Naturwissenschaftler Dr. Fritz Popp drückt es anschaulich aus, wenn er sagt: »Krankheit ist, wenn Zellen nicht mehr miteinander reden.« Es ist das Energiefeld, durch das das »Miteinander-Reden« möglich wird. Dabei ist die Bioenergie der Informationsträger. Nur durch sie funktioniert dieses »Telefonnetz«.

Das also ist möglich infolge der elektrodynamischen Basis des Körpers. Ungeheuerlich, wie Billionen Zellen des Körpers Nachrichten mit ihrem Funksystem aussenden und empfangen. Dieses Informationssystem ist noch phantastischer als das nervliche und hormonale. Es steht mit diesen beiden in Zusammenarbeit und ist ihnen übergeordnet. Weil Energien nicht an Trägermedien gebunden sind, war die Beweisführung lange Zeit so schwierig. Inzwischen ist aber bekannt, zumal aufgrund Dr. F. Popps Forschungen, daß

1. kurzwellige Strahlen im Ultraviolettbereich vorwiegend innerzellulären Informationen dienen,
2. die langwelligen Photonen im Infrarotbereich als Trägerwellen für die Kommunikation zwischen den Zellen wirken,
3. sehr langwellige kohärente Photonen hauptsächlich die Botschaften zwischen Organen und Organverbänden vermitteln. Vermutlich gehören dazu die Gehirnwellen.

Das EKG, das heute allgemein bekannte Elektrokardiogramm, und das EEG, das Elektroenzephalogramm, sind bei der Messung nicht einmal in Kontakt mit dem zu messenden Gewebe, dem Herz oder dem Gehirn. Die Elektroden werden an der Körperoberfläche angelegt. Und doch ist die Messung möglich, weil die elektronischen Eigenschaften der Gewebe durch ein übergeordnetes elektrisches Feld miteinander in Kontakt stehen.

Dasselbe zeigte sich auch bei der Diagnostizierung bösartiger Krankheiten. Dr. Louis Langmann von der Universität New York machte am Bellevue-Krankenhaus in der gynäkologischen Abteilung an tausend Frauen Testmessungen. Von 102 Patientinnen, als krebsverdächtig erkannt, wurde der Befund mit der außerordentlich hohen Zahl von 95 Fällen bestätigt.

Nach neuesten Berichten aus Rußland rechnet der Biophysiker Viktor Injuschin damit, noch vor 1985 Krebsfrüherkennungen schon mit der ersten entarteten Zelle diagnostizieren zu können.

Bereits Anfang dieses Jahrhunderts hatten russische Forscher die »Eigenstrahlung der Zelle« festgestellt. Aufgrund dieser Entdeckung werden heutzutage sogar verschiedene Arten von Krebs fotografisch dargestellt – wie Dr. Injuschin sagt, mit hundertprozentiger Genauigkeit. Diese Methode beruht auf der Strahlung des Energiepotentials der Körperzellen.

Eine elektrodynamische Theorie allen Lebens wurde von Dr. Harold Saxton Burr und Mitarbeitern der Yale-Universität schon 1935 erarbeitet. Doch erst in letzter Zeit wird die Forschung auf diesem Gebiet intensiver betrieben. Elektrische Phänomene liegen jedenfalls der Entstehung, dem Wachstum, der Erhaltung und Gesundung, kurz allen biologischen Vorgängen zugrunde. Wo Leben ist, dort begegnet man elektrischen Eigenschaften.

Fortschrittliche Ärzte und Heilpraktiker haben beachtlichen Erfolg mit den bisher entwickelten elektromedizinischen Geräten. Sie werden als Unterstützung zu diagnostischen Zwecken und zur Stabilisierung und Harmonisierung des körperlichen

Energiehaushaltes therapeutisch eingesetzt. Allerdings steht diese Entwicklung, die einen Schritt näher als die bisherige Medizin an den Ursachenherd von Krankheiten herankommt, erst am Anfang. Deshalb sind Einsatzmöglichkeiten und Erfolg noch begrenzt. Soll die Elektrotherapie zu ihrem vollen Wert und Umfang entwickelt werden, dann ist nicht nur Forschung nötig, sondern auch das Bewußtsein, das Denken einer neuen Epoche.

Unendlich mühsame, aufwendige und ausdauernde Forschungsarbeiten waren erforderlich, bis ALBERT EINSTEINS Theorie bewiesen war, daß Materie eine Erscheinungsform von Energie ist. Gleichermaßen schwierig waren die Beweisführungen, denen zufolge *jede Körperzelle unter einer energetischen Gesetzmäßigkeit lebt und diese Energie auch Träger ihrer Intelligenz ist.*

Ja, jede Zelle Ihres Körpers ist intelligent. Sie weiß, was sie zu tun hat. Sie kennt ihre Lebensaufgabe, beispielsweise ihre Funktion als Leberzelle. Allerdings kennt sie nur dies. Die Muskelzelle wiederum kennt nur ihre Bestimmung als Muskelzelle.

Diese Intelligenz der Zellen hängt von ihrem bioenergetischen Zustand ab. Mit der Atmung aktiviert der Mensch in besonderem Maße diese Lebensenergien. Die Atmung erhält das elektrische Körpergleichgewicht, ohne das es kein Leben gibt.

Der Dauerlauf, zum Beispiel, zwingt zu besonders intensiver Atmung, wodurch viel Sauerstoff aufgenommen wird und mit dem angeregten Kreislauf den gesamten Körper durchströmt. Die Organe, z. B. das Herz, und die Muskeln bis hin zu den großen Zehen sind wunderbar durchblutet und mit Sauerstoff aufgeladen. Erhöhte Sauerstoffzufuhr stärkt jede Abwehr, sei es gegen Herzinfarkt oder sei es gegen Krebs. Doch durch die angeregte Atmung wird gleichzeitig das Energiepotential jeder einzelnen stark durchbluteten Zelle verbessert, und dieser Faktor wirkt sich wesentlich bei der Abwehr von Krankheiten aus. Ohne ihren normal starken Energiezustand weiß die Zelle den Sauerstoff nicht richtig zu verwenden. Sein Vorhandensein ist nicht genug.

Er muß auch verwertet werden.

Der Dauerlauf regt diese Vorgänge gezwungenerweise an. Doch mit gedanklich gesteuertem intensivem und vollem Atmen ist dasselbe zu erreichen. Das Denken als ein energetischer Vorgang hat einen immensen Einfluß auf die Atmung. Durch Gedanken wird sie aufgewertet. Durch unser Denken wird die Atmung zu einem bewußten Aufnehmen von Lebensenergie, und diese kann gezielt eingesetzt werden. Das Energiefeld des Körpers wird durch Atmen und Denken erhalten, verbessert, erneuert. Das bedeutet Gesundheit.

Atemübungen sind sehr viel wichtiger, als gemeinhin angenommen wird; sie stellen nicht nur therapeutische Hilfe für Asthmatiker und Bronchitiskranke dar. Kein Leben, auch nicht das einer einzigen Zelle der sechzig Billionen Körperzellen des Menschen, kann sich, ohne zu atmen, erhalten.

Dies gilt nicht nur wegen des Sauerstoffs, sondern in besonderem Maße bezüglich der Lebensenergie. Ganz erstaunlich sind die Erfolge, die mit bewußter Atmung bei Depressionen zu erzielen sind. Die Wirkung auf das Hormonsystem und das vegetative Nervensystem ist unmittelbar.

Auch wenn eine andere Krankheit Sie quält, sollten Sie fleißig Atemübungen machen. Werten Sie die Atmung mit gezielten Gedanken auf und leiten Sie denkend die eingeatmeten Energien bewußt zu der kranken Körperstelle, wieder und immer wieder.

Die folgende Übung kann Ihnen dabei helfen.

Übung

Schließen Sie die Augen, widmen Sie sich ganz der Konzentration. Vergegenwärtigen Sie sich mit geschlossenen Augen beispielsweise den Magen. Sie atmen tief und ruhig und denken:

o Einatmend: Ich atme die absoluten Lebenskräfte ein.
o Ausatmend: Die Lebenskräfte strömen zu meinem Magen. Ich bin gesund.

Und das soll zur Heilung führen? So ein bißchen Atmen? Wie ist das möglich?

Denken als ein Energiegeschehen steht in Verbindung mit dem bioenergetischen Feld des Körpers – und ebenso das Atmen. Diese drei Faktoren – bioenergetisches Feld, Atmen, Denken – stehen miteinander in Wechselbeziehung. Deswegen vermag auf Heilung gerichtetes Denken während der Atmung die beste Unterstützung einer Behandlung zu sein; es ist eine Zauberformel zum Gesundwerden.

Leider steht jedoch dieses Wissen ganz am Anfang, und der Mensch von heute ist in diesen Techniken noch nicht geschult. Doch jeder kann die behauptete Wirkung an sich erproben – ermutigt durch diejenigen, die den Heileffekt zielgerichteten Denkens und Atmens bereits kennengelernt haben.

Die Medizin von heute wird aufgrund der Entdeckungen anderer Wissenszweige an einer Revolution und Erneuerung nicht vorbeikommen. Vieles ist über die chemischen Abläufe im Körper schon bekannt. Fast jeder Laie weiß, daß von dem ordnungsgemäß funktionierenden Stoffwechsel die Gesundheit abhängt. Stoffwechsel, das ist der Wechsel von der Nahrung zum körpereigenen Gewebe, also beispielsweise von der Torte zum Fett auf der Hüfte. Doch ob das und wie es geschieht, das hängt vom Energiezustand des Körpers ab. Man erkennt, daß die

Gesetze der Physik denen der Chemie übergeordnet sind. Die Naturwissenschaft weiß inzwischen, daß die ganze Chemie im Prinzip auf der Basis der Gesetze der Physik verstanden werden muß, auch die Abläufe im menschlichen Körper.

Das bedeutet, daß alles zelluläre, humorale, nervliche und hormonale Geschehen von den bioelektromagnetischen Vorgängen abhängt. Denn von dort kommen die Informationen. Aufgeschlossene Mediziner und Biophysiker forschen auf diesem Gebiet, und eines Tages wird diese Erkenntnis sicher allgemein akzeptiert werden müssen.

Uns allen ist die vorhandene Elektrizität eine Selbstverständlichkeit, obwohl wir sie nicht sehen und es bis heute keine gültige Erklärung des Phänomens Elektrizität gibt. Von einem Draht geleitet, wird sie erst im Aufleuchten des Lichtes sichtbar. Wegen dieser Eigenschaft der Unsichtbarkeit fiel es der Wissenschaft bisher schwer, die Bioelektrizität zu erforschen. Dazu waren spezielle elektronische Geräte und Meßmethoden nötig, mit denen nun der Beweis zu erbringen ist, daß die Ordnung und Stabilität des Energiepotentials die Voraussetzung ist für Gesundheit des physischen Körpers.

Ist das elektromagnetische Feld gestört, so treten Fehlsteuerungen auf, und etwas später wird die Krankheit spürbar und sichtbar. Mit Arznei, mit Chemie ist nichts zu erreichen, wenn die Störung in dem zuständigen elektromagnetischen Feld nicht beseitigt werden kann. (Hierauf beruht der Wirkungsmechanismus der chinesischen Akupunktur.)

Sollten diese wissenschaftlichen Erkenntnisse uns nicht zu dem Versuch ermuntern, mit der Energie unserer Gedanken auf die Energie des Körpers einzuwirken?! Wer es tut, setzt natürliche Gesetzmäßigkeiten in Gang, und der Erfolg ist garantiert. Wer jedoch dieses Prinzip nicht kennt oder nicht anwendet, läßt ungeheure Möglichkeiten ungenutzt.

Das elektrische Potential der Bioenergie als Basis körperlichen Geschehens ist durch die Elektroimpulse der Gedanken, durch Psi-Energie, zu beeinflussen. Mit Gewißheit wird die Zeit kommen, da gezieltes positives Denken als das wirkungsvollste »Medikament« gilt. Dazu noch ist es eine Medizin ohne irgendwelche schädlichen Nebenwirkungen.

WIR ERKENNEN:

Wichtigste Voraussetzung für Gesundheit ist das im Gleichgewicht befindliche vitale elektromagnetische Feld des menschlichen Körpers. Aufgrund physikalischer Gesetzmäßigkeiten können wir darauf mit Denken und Atmen einwirken.
Ihr positives Denken von heute an: Ich denke mich gesund!

3. Das Wechselspiel von Geist – Seele – Körper

Anhand der vorangegangenen Erörterungen haben wir folgende Tatsachen herausgestellt:
1. Von dem Energiefeld ist die körperliche Verfassung abhängig.
2. Das Denken ist ein energetischer Vorgang und setzt energetische Vorgänge in Gang.
Doch der Mensch besteht nicht nur aus dem Körper. Er ist eine Einheit aus Körper und Geist–Seele. Woher kommen seine Gedanken? Und was ist mit seinen Gefühlen? Kann der Mensch auch auf Gefühle kontrollierend und regulierend einwirken? Wenn das möglich ist, dann sprengt diese Erkennt-

nis viele Grenzen und Begrenzungen, denen unser Dasein unterworfen zu sein scheint. Der Mensch wird frei – »Ebenbild der Götter«.

Wieso machen wir so viele Fehler in unserem Leben? Warum stehen wir nicht stark und ruhig, wenn die Lebensstürme uns entgegenbrausen? Wozu brüllen wir ohnmächtig gegen den Sturm, was uns nur erschöpft? Nutzt uns das Aufbäumen? Nein, es gibt dem Sturm erst die Möglichkeit, uns zu brechen. Das Wissen, wann gesammelte Kräfte uns vorwärtstragen und wann es klug ist, einen Schritt zurückzugehen, das ist Lebenskunst. Wie ist sie zu erlernen?

Wir müssen erkennen lernen, wer wir sind; was es bedeutet, Mensch zu sein; und dann erkennen wir, was uns als Menschen möglich wird. Das lehrt in unserer Zeit noch kein Schulsystem. In den vergangenen Jahrtausenden war es den wenigen »Auserwählten«, die davon in Mysterienschulen erfuhren, unter Androhung der Todesstrafe verboten, ihr Wissen weiterzugeben. Das zeigt nur, welchen Wert man diesem Wissen beimaß. Und heute – warum schweigen diesbezüglich unsere Schulen? Sollte dieses Wissen nicht dringend der ganzen Menschheit zugänglich gemacht werden?

Es gibt zwar eine große Zahl von Büchern praktischer Lebenshilfe. Sie lehren, wie man glücklich lebt, Reichtum erzielt oder Sorgen meistert. Manche dieser Ratgeber enthalten durchaus brauchbare Hilfen. Aber meist heißt es darin nur: Tu dies, tu jenes nicht! Nur selten gehen solche Bücher auf das Wesentliche des Menschseins ein.

Doch die Wahrheit über das menschliche Sein und Dasein zu erkennen, kann allein schon die »notwendende« Quelle der Kraft zur Lebensmeisterung werden. Das eröffnet ungeahnte Möglichkeiten und spornt die Kräfte an.

Das Erkennen von Körper – Seele – Geist als Einheit hilft

uns weiter. Stellen wir uns den Körper als Energie vor, das Denken als Elektroimpulse und die Emotionen gleichermaßen als Elektroimpulse, dann wird verständlich, daß sowohl Denken als auch Fühlen auf den Körper einwirkt. Das geschieht entweder störend oder erneuernd, je nach dem Inhalt der Gedanken oder der Art der Gefühle.

Hier ein Zitat von Dr. HAROLD SAXTON BURR: »Psychiater der Zukunft werden die Intensität von Sorgen, Ärger, Liebe, Haß in Millivolt messen.« Nicht nur Gedanken, sondern eben auch Gefühle beeinflussen das elektrische Feld im Menschen. *Zerstörerische Empfindungen bewirken Störungen, aufbauende Gefühle eine Harmonisierung, somit körperliche und seelisch-geistige Kräftigung und Gesundung.*

Seelische Anspannungen können einen Menschen so stören, daß Fehlfunktionen im Nervensystem und im Hormonsystem die Folge sind. Dazu zählt all das, was wir als seelischen Streß kennen: Verlust eines geliebten Menschen, Untreue des Ehepartners, Minderwertigkeitsgefühle, Erfolglosigkeit, unerfüllte Hoffnungen, übermäßige Gefühlsausbrüche und vieles mehr.

Doch jede Art von Streß, auch der von Zeitnot und Leistungsdruck, beginnt im Gefühlsleben und im Bewußtsein des Menschen. Die von dort ausgehenden Impulse erregen den Hypothalamus (ein Nervenzentrum an der Hirnbasis), und von da an wird der chemische Steuerungsmechanismus in Gang gesetzt, wie ihn der österreichisch-kanadische Endokrinologe und Biochemiker Prof. Dr. HANS SELYE entdeckt hat (er hat das Wort »Streß« erfunden und geprägt).

Unter Streß versteht man das Ineinandergreifen körperlicher Abläufe infolge einer angespannten, außergewöhnlichen Situation. Dauert die Anspannung zu lange, so erfolgt infolge der Überforderung eine fehlerhafte Anpassungsreaktion, und

Krankheiten sind nicht mehr aufzuhalten: Schlaflosigkeit, Migräne, Verdauungsstörungen, hoher Blutdruck, Magen- oder Zwölffingerdarmgeschwüre, Diabetes, bestimmte Arten von rheumatischen oder allergischen Krankheiten oder Erkrankungen des Herz-Kreislauf-Systems, der Nieren, erhöhter Cholesterinspiegel und viele andere mehr.

Ist es möglich, in diesen Ablauf einzugreifen, das alles von sich abzuwenden? Ja!

Richtiges und positives Denken ist das Mittel. Bevor der Impuls »Außerordentliche Situation! Alarm!« aus dem Erfahrungskomplex von Empfindung und Bewußtwerdung den Hypothalamus erreicht, kann durch Elektroimpulse intensiven und gezielten Denkens der Streß abgeblockt, zumindest verringert werden.

Im Alltagsleben spielt sich das folgendermaßen ab:

Zum Hypothalamus ist ein emotionaler Elektroimpuls unterwegs mit der Information: »*Angst*, ich versage!« Schaltet der Mensch jetzt sein Denken ein, so kann ein mentaler Elektroimpuls dem emotionalen den Weg abschneiden, zumindest seine Alarmwirkung verringern. »*Ruhe*, ich schaffe es!«

Somit ist das Erlebte zwar eine Herausforderung, aber keine Überforderung. Im normalen Ausmaß der Belastbarkeit eines Menschen ist es sogar ein Lebensimpuls. Solcher Art ist Streß nicht nur lebenswichtig, sondern auch gesund. Professor Selye sagt: »Völliges Freisein von Streß ist der Tod.«

Wie sieht das nun im praktischen Leben aus? In unserer auf Hochtouren laufenden Wirtschaft werden mit der Hektik nur diejenigen fertig, die dank ihrer Gedankenkraft sich selbst zu Ruhe und Ausgeglichenheit zu führen vermögen.

Ein geplagter Industrieller fragte mich: »Was kann ich tun, die Zeitnot ist mein Ruin«, und er erzählte, wie ihm beim Gedanken an seinen Terminkalender die Unmöglichkeit einer

Lösung bewußt werde. Der bloße Gedanke verursachte ihm Herzjagen und schwitzende Hände. Diese Reaktionen störten natürlich erst recht seine Leistungsfähigkeit.

Ich wußte, daß er einiges ändern müßte. Es war mir aber auch klar, daß er die Notwendigkeit nicht einsehen würde. Dazu ging es ihm gesundheitlich noch nicht schlecht genug. Außerdem war der Großteil seiner Arbeit tatsächlich unabwendbar. Im Gespräch kamen wir zu dem Ergebnis, daß dieses »Drumherum« nicht zu ändern war. Also mußte er seine Einstellung ändern. In diesem Sinne galt es, einen gezielten Gedanken dem Streßimpuls entgegenzuschicken, sobald er die Unruhe in sich aufkommen fühlte.

Ein Jahr später erklärte mir dieser beinharte Mann der Wirtschaft: »Und wissen Sie, was mir im vergangenen Jahr im Hinblick auf meine Zeitnot effektiv am besten geholfen hat, alles zu schaffen? Unsere einfache Denkformel: ›Eins nach dem anderen!‹«

In Streßsituationen haben oft simple, knappeste Denkinformationen die beste Wirkung. Und Denkformeln sind als Technik eine große Hilfe in derartigen Lagen der Überlastung. Aber helfen sie auch heraus aus psychischer Labilität, aus jahrelangem Kummer? Das Unglücklichsein an sich ist schon eine Qual. Hinzu kommt noch, daß hier der unsichtbare Ursprung einer sichtbar werdenden Krankheit liegt.

Viele Erkrankungen haben ihre Ursache in der Psyche, sogar Infektionskrankheiten. Denn diese brechen nur aus, wenn infolge geschwächter Abwehr der Körper die eingedrungenen Bakterien oder Viren nicht mehr zu überwinden vermag. Das ersieht man regelmäßig an jenem Prozentsatz von ebenfalls Angesteckten, die nicht erkranken. *Und diese Abwehr hängt zweifellos nicht nur von körperlichen Kriterien der Gesundheit, sondern auch von der seelischen Verfassung des Menschen ab.*

Auch das vielbesprochene Krebsmittel Interferon, das zur Zeit Hoffnungen weckt, basiert auf dem Prinzip der Abwehr. Bei jedem seelisch-geistig belasteten Menschen ist auch die Abwehr geschwächt. Der berühmte GALENOS, Leibarzt des Kaisers Mark Aurel, beschrieb schon im Rom des zweiten vorchristlichen Jahrhunderts Zusammenhänge zwischen Melancholie und Krebsgeschwülsten. Heute ist die psychosomatische Medizin eine echte Hoffnung für kranke Menschen. Dieser fortschrittliche Zweig der wissenschaftlichen Medizin hat *die seelisch bedingte Verursachung des Großteils aller Krankheiten dargetan* (Psyche = Seele, Soma = Körper).

Die »Seelentröpfchen«, die Psychopharmaka, hingegen bringen keine echte Hilfe. Ein untreuer Ehemann wird nicht treu, weil seine Frau Beruhigungspillen schluckt. Im Gegenteil: alle Psychopharmaka bauen die Persönlichkeit ab.

In jeder Notlage ist die einzige Rettung die, realistisch sich selbst und die Situation zu überdenken. Das heißt, die eigenen Emotionen gedanklich zu kontrollieren und sich klarzuwerden über die veränderte Gefühls-, Finanz-, Berufs- oder gesellschaftliche Lage – und das alles ohne Selbstmitleid! Das Selbstmitleid, dem wir alle bisweilen erliegen, ist nur zu bewältigen kraft unserer Gedanken, die stärker als das Gefühl sind. Die meisten Menschen wissen dies nicht und bemühen sich deshalb gar nicht, aus dieser Verstrickung herauszukommen. Das heißt nicht, daß Gefühllosigkeit erstrebenswert wäre.

Kehren wir zurück zum Beispiel der betrogenen Ehefrau. Sie hat, nehmen wir an, nun ihre Situation überdacht. So ist es ihr jetzt möglich, mit positiver Gedankenkraft ein neugestecktes Ziel anzustreben: sei es ihren Mann zu überzeugen, daß sie selbst besser als die Geliebte ist, oder sei es ihn laufen zu lassen. Diese Frau kann durch rechtes Denken die außerordentliche

Belastung abfangen, bevor noch eine Störung von der Seele weitergeleitet wird zum Körper und sich dort in Form der körperlichen Nebenerscheinungen ihrer Depression und später auch im Organsystem als Krankheit zeigt.

Warum sind Psychopharmaka zu meiden? Alle Psychopharmaka zeitigen über das Hormonsystem in die Seele greifende Wirkungen. Sie sind körpereigenen Substanzen nachgebildet, und zwar solchen, die nur bei außerordentlichen Notsituationen im chemischen System des Körpers abgerufen und freigesetzt werden. Schwerverletzte empfinden oft im ersten Augenblick keinen Schmerz, weil sogenannte Endorphine (im Körper entstehende Betäubungsmittel) beruhigend und betäubend wirken. Doch ihre Nebenwirkungen sind nicht unerheblich, und so mancher Schock führte schon zum Tod. Es ist daher gut, daß der Körper nicht darauf programmiert ist, bei jeder seelischen Unstimmigkeit oder bei chronischer Unzufriedenheit Endorphine ins Blut zu schütten. Deswegen sollte der Mensch nicht – gegen die Natur – künstliche Betäubungsmittel in Form von Pillen und Tröpfchen schlucken. Unwissenheit entschuldigt ihn, aber nicht den Arzt. Jedenfalls ist das Problem mit der »Ruhigstellung«, wie die Medizin solche Betäubung nennt, nicht gelöst.

Jede noch so geringfügig scheinende Abweichung vom normalen Körpergeschehen verweist nicht nur auf die Ursache einer Krankheit, sondern ist schon ihr Symptom. Frau Professor MARIA BLOHMKE hat an der Universität Heidelberg eine Methode zur Ermittlung von Krebskranken erarbeitet. Die Versuchspersonen hatten im Rahmen eines detaillierten Befragungsmusters Fragen über ihre geistig-seelische Persönlichkeit und ihre Lebensverhältnisse zu beantworten. Die Kranken wurden bei diesem Versuch mit der erstaunlichen Treffsicherheit von sage und schreibe 96 Prozent erkannt.

Wenn Angst, Sorgen, Ärger, Freude in Millivolt zu messen sind, dann beweist das, wie schon gesagt, daß Gefühle ebenfalls energetische Abläufe sind, die wir mit gezieltem Denken zu beeinflussen vermögen. Das gilt besonders, wenn geeigneten Übungen ein Fundament zuversichtlicher Lebenseinstellung zugrunde liegt.

Eine solche Einstellung muß aber auch erst gewonnen werden. Solange jemand sagt: »Aber ich kann das doch nicht allein«, und Hilfe von außen erhofft, hat er sich positives Denken noch nicht zu eigen gemacht. Und wer damit nicht beginnt, kann natürlich auch keine Wirkung erwarten. Geeignete Übungen werden Sie in Kapitel 5 dieses Buches finden. Sie können des Erfolges sicher sein.

Eine meiner Patientinnen wußte in ihrer Seele schon zu einer Zeit, da sie es noch nicht akzeptieren konnte, daß ihre – einst mit soviel gutem Willen eingegangene – Ehe zerstört war. Schlafstörungen, organische Leiden, Herzjagen, Atemnot und Selbstmordgedanken machten ihr das Leben zur Qual, obwohl kein Grund sichtbar war. Mit bestimmten denktechnischen Übungen und Atemübungen schaffte sie, was ihr zuvor mit vielerlei Medikamenten nicht gelungen war. Sie sprang weder aus dem Fenster, noch ist sie erstickt, sondern sie ist – geschieden und gesund. Mit zuversichtlichem Schwung hat sie ein neues Leben begonnen.

Die hier eingestreuten Beispiele aus meiner Praxis sollen Ihnen – bevor wir zum praktischen Teil dieses Buches und den dort beschriebenen Techniken kommen – die Gewißheit vermitteln, daß es tatsächlich keine Probleme gibt, denen Sie mit aufbauendem positivem Denken nicht beikommen können. Das gilt auch für Charakterfehler und menschliche Schwächen, die dem Triebleben erwachsen und den Menschen an die kettenstarken Bindungen der Erbmasse fesseln oder zu fesseln scheinen. Ich denke an sexuelle Begierden, an krankhafte Macht- oder Raffgier, an das zwanghafte Verlangen nach Alkohol oder Rauschgiften.

Solche Begierden lassen den Menschen nicht zur Ruhe kommen, bis er seine Befriedigung erreicht. Und schon beginnt der Kreislauf von neuem: Sucht oder Gier treibt zur ständig wiederholten Befriedigung. Das gesamte Denken und Handeln eines Menschen, der sich aus solcher Bindung nicht zu lösen vermag, ist immerzu auf das eine Ziel gerichtet: die Befriedigung seiner Begierden, seiner Lüste.

Das schafft Leiden und Kämpfe verschiedenster Art, nicht nur für den Betroffenen, sondern auch für seine Mitmenschen. Denn der von seinen Begierden Getriebene geht über jeden anderen Menschen rücksichtslos hinweg. Nun gibt es Leute, sogar Fachleute, die sagen, daß jede Lust und ihre Befriedigung und ebenso die Sucht, dasselbe immer wieder zu erleben, auf ganz bestimmten biochemisch-physikalischen Vorgängen im Gehirn, im Nerven- und Hormonsystem beruhen. Weder als Kind noch als Erwachsener könne man, meinen sie, diesen körperlichen Gegebenheiten ausweichen oder sie verändern durch so etwas wie Selbstkontrolle und gezieltes Denken. Aber: Dieses biochemisch-physikalische Geschehen ist doch nie die Ursache!

Ein Beispiel: Das Angstgefühl haben wir nicht, weil die Nebennieren das Hormon Adrenalin ausschütten, sondern die Angst ist zuerst da und wird aus dem Gefühl in Form einer energetischen Nachricht dem Körper mitgeteilt, der reagiert: es strömt vermehrt Adrenalin ins Blut, und deshalb spürt der Mensch neben seinem Gefühl der Angst nun auch sein Herz klopfen. Ähnliche Abläufe vollziehen sich bei allen anderen Empfindungen wie beispielsweise Ungeduld, Jähzorn, Neid und Haß. Diese Wechselbeziehung zwischen Geist-Seele und

Körper wirkt auch bei lebensbejahenden Gefühlen wie Liebe, Verständnis, Zuversicht, Freude.

Viele Hirnforscher stimmen darin überein, daß höchste seelisch-geistige Qualität des Menschen, sein ethisches und soziales Bewußtsein, von Zellsystemen in bestimmten Hirnregionen abhängen. Da aber jeder Gedanke, den wir fassen, in der physischen Seinsschicht energetische Ladungsvorgänge im Zentralnervensystem auslöst, kann das ständige Denktraining sogar die physischen Zellsysteme verändern.

So müssen wir das Wechselspiel zwischen Geist-Seele und Körper verstehen. Es geschieht im Spiegelbild: Nichts ist im Körper vorhanden, was nicht im Geist-Seele-Bereich sein Gegenstück hat. Aufgrund dieser Tatsache bleibt der Mensch nie das, was er bei der Geburt oder allein von der Erbmasse her war. Er wird das Ergebnis seiner Lebenserfahrungen und seiner Selbsterziehung. *Wie und was er eines Tages ist und hat, das ist das Produkt seiner Gedanken.*

Bewußtseins- und Empfindungsvorgänge werden dem Körper vermittelt – Lust, Hunger, eine Idee, Ehrgeiz, Freude, sittliches Streben, alles, was die Persönlichkeit eines Menschen ausmacht. Alle Gefühle sind mit Gedanken verbunden. Durch unser Denken werden sie verstärkt oder abgeschwächt. Einerseits entfacht motiviertes Denken den Enthusiasmus zu kreativer Aktivität, die im Leben und vor allem auch im Beruf so wertvoll ist; andererseits können Gedanken auch beruhigen. Traurige und ängstliche Gedanken ziehen tiefer und tiefer in die Schwermut; hoffnungsvolle machen Mut und wecken die Lebensgeister. Wer das begreift, kann sich immer wieder und wieder zu zuversichtlichem Denken erziehen, bis es zu seiner Lebensart, ja Teil seines Wesens wird. Der Gewinn bleibt nicht aus. Dies gilt selbst in Zeiten, da alle Umstände widrig zu sein scheinen. Zuversichtliches

Denken hat die Kraft, die Verhältnisse zu durchbrechen, und führt uns in eine bessere Zukunft.

Vor Jahren hat in München eine besonders schöne und noch junge Schauspielerin, RENATE EWERT, Selbstmord begangen. In ihrer Wohnung fand man ein angefangenes Buchmanuskript mit dem Titel *Mein verfluchter Sex*. Ihre Veranlagung und eine Verkettung unglücklicher Umstände hatten sie in diese ausweglose Situation getrieben. Hätte sie das hier vertretene Wissen gehabt und wäre sie im Denken geschult worden, dann wäre ihr der Selbstmord nicht als die einzige Lösung ihrer Probleme vorgekommen.

Es gibt die Möglichkeit, sich selbst und die Verhältnisse zu ändern. Der Mensch ist keineswegs sein ganzes Leben lang an »seine Veranlagung« gebunden. Das Denken ist die große Möglichkeit des Menschen. Hier liegt seine Chance! Nur dem positiv denkenden Menschen ist Selbstverwirklichung möglich. Die in Kapitel 5 folgenden Anleitungen und Übungen werden Ihnen zu positivem Denken verhelfen. Je früher jemand lernt, diese seine Möglichkeit zu nutzen, um so größer wird sein Vorteil sein.

ZUSAMMENFASSUNG:

Die Inhalte des Denkens und Fühlens werden über Energievorgänge dem Körper vermittelt. Dort entsteht spiegelbildlich ein dementsprechender Zustand.

Ab jetzt gilt: Ich verschwende keinen Gedanken an Krankheit und denke mich schädigender Veranlagung überlegen.

Kapitel 4

Was sind die Kriterien positiven Denkens?

1. Die geistige Einstellung

Methoden, angewandte Techniken, schon sie alleine vermögen viel zu bewirken. Doch ohne die richtige geistige Einstellung fehlt das Fundament.

Wie findet man in unserer unsicheren Zeit eine zuversichtliche Grundeinstellung? Auf Reisen im Westen und in Asien mußte ich feststellen, daß wir einen weltweiten geistigen und sittlichen Verfall erleben. Es umgibt uns ein Meer von Egoismus, Intrigen, Verleumdung, Aggression, Brutalität, Kriminalität, Abartigkeiten, sexuellen Auswüchsen, Unwissenheit, Krankheiten, Enttäuschungen, Ängsten und leidvollen Schicksalen. Die Wellen rollen über uns hinweg und ziehen viele hinab.

Unter derartigen Verhältnissen gleichwohl immer positiv, das heißt zuversichtlich zu denken, das ist unsere Aufgabe und ist wahre Lebenskunst.

Zur Aneignung der richtigen geistigen Einstellung sollten wir uns einige Voraussetzungen setzen, die für uns alle gelten und die nicht zu umgehen sind. Dem persönlichen Charakter entsprechend sind sie zu erweitern, etwa mit Zielstrebigkeit, Begeisterungsfähigkeit, Zufriedenheit, Geduld, Dankbarkeit.

Geboten sind:
1. Unterscheidungsvermögen
2. Mut zum Wagnis
3. Zuversicht
4. Ausdauer

Verboten sind:
1. Selbstmitleid
2. Verweichlichung

Nach diesen Kriterien sollten wir unser Denken, Fühlen und Handeln ausrichten. So lernen wir uns kontrollieren und aufbauende Eigenschaften gewinnen, zerstörerische aber überwinden.

2. Die maßgebenden Eigenschaften

Unterscheidungsvermögen

Wir alle sind Einzelwesen und urteilen über ein und dieselbe Sache sehr verschieden. Aber es ist wertvoll, seine feste Meinung zu haben. Das heißt nicht, daß man seine Meinung nicht ändern kann. Es gibt immer neue Erkenntnisse und neue Entwicklungen, die eine Wende im Leben des einzelnen oder im Weltgeschehen herbeiführen. Als dem Bundeskanzler KONRAD ADENAUER ein Journalist vorhielt: »Aber, Herr Bundeskanzler, gestern abend waren Sie noch ganz anderer Meinung«, antwortete dieser: »Was kann ich dafür, daß ich über Nacht klüger geworden bin?«

Menschen, Situationen, Meinungen ändern sich. Wer keine festen Maßstäbe besitzt, wird zum Spielball seiner Umgebung.

Ständig brauchen wir Unterscheidungsvermögen. Wir müssen zum Beispiel in beruflicher Hinsicht klarstellen:

o Was kann ich, was nicht?

o Was will ich erreichen, was nicht?

o Habe ich den richtigen Mitarbeiter – oder nicht?

o Paßt mir meine Arbeit – oder lerne ich etwas Neues, oder wechsle ich die Stelle?

o Verdiene ich zuwenig – oder gebe ich zuviel aus?

o Habe ich zu hohe Ansprüche – oder setze ich diese zu gering an?

Im Privatleben wird unser Unterscheidungsvermögen nicht weniger herausgefordert. Tagtäglich müssen wir Entscheidungen fällen.

Zum Beispiel:

o Will ich eine Interessengemeinschaft für sexuelle Freuden – oder eine Lebensgemeinschaft für Freud und Leid?

o Muß dieses Kind jetzt, in diesem Augenblick, hart oder sanft angefaßt werden?

o Mache ich mich mit diesem Kleid, diesem Anzug schöner und gewinne ich Sympathien – oder nicht?

o Will ich überhaupt Sympathien – oder nicht? (Wer dazu »nein« sagt, belügt sich!)

o Bin ich ehrlich mit mir selbst – oder nicht?

Achten Sie darauf, wie oft Sie sich an einem einzigen Tag entscheiden müssen. Vom wichtigsten Anliegen bis zum Einkaufen eines Kohlkopfes. Und machen Sie dem Geschäftsmann keinen Vorwurf, daß er Sie »reingelegt« hat, wenn Sie frisches Gemüse vom welken nicht haben unterscheiden können. Dies gilt überall und bei allem. Erwarten Sie nichts von den anderen, sondern vertrauen Sie Ihrer eigenen Sicherheit, die sich entwickelt dank Ihres stets wachen Unterscheidungsvermögens.

1. Überlegen Sie, wieviel Egoismus gesund und lebensnotwendig ist und was zuviel ist.
2. Üben Sie Ihre Menschenkenntnis durch Beobachtung im Alltag, indem Sie auf Kleinigkeiten achten. In großen und wichtigen Augenblicken beherrschen sich die lieben Mitmenschen; doch im Alltag sind sie anhand von Kleinigkeiten richtig zu erkennen.
3. Fragen Sie sich vor jedem Kampf, ob die Sache den Einsatz wert ist. Ist die Kraft in diesem Einsatz gut verwendet oder etwa verschwendet? Es muß auch entschieden werden, ob es nicht eine andere, eine friedliche Lösung gibt oder ob die Möglichkeit besteht, lieber einen Schritt zurückzugehen.
4. Viele Menschen fühlen sich durch Kritik beleidigt. Wer unterscheiden kann, kränkt sich darüber nicht, dem bringt Kritik Vorteile. Selbst eine bös gemeinte Kritik sollte überdacht werden, ob sie nun berechtigt ist oder nicht. Unberechtigte Kritik läßt man fallen und vergißt sie. Andernfalls haben wir einen wertvollen Hinweis zur eigenen Verbesserung.

Am wichtigsten ist für uns alle die Frage: Was ist gut, was ist schlecht? Und natürlich auch: Was ist für mich gut, für mich schlecht? Unterscheidungsvermögen ist das tägliche Brot für unsere Existenz mit sehr spürbaren Auswirkungen in allen Lebensbereichen. Davon hängt auch ab, ob Sie jetzt weiterlesen.

Mut zum Wagnis

Sie haben entschieden. Sie lesen weiter. Hier ist die zweite Notwendigkeit: Seien Sie in allem mutig! Sie haben dank Ihres

Unterscheidungsvermögens erkannt, was Sie wollen, dann tun Sie es, dann stehen Sie dafür ein!

Es ist erschreckend, wie viele Eltern nicht den Mut haben, ihre Kinder sinnvoll zu erziehen. Wie leicht ist es für eine süße Tochter, ihrem Vater alles abzubetteln. Vor der kleinen Puppe fällt oft der stärkste Mann um. Wie viele Mütter gehen putzen, weil der Sohn ein Motorrad will! Und warum tun Eltern das? Weil sie nicht den Mut haben, »nein« zu sagen. Aus Angst, die Liebe des Kindes zu verlieren, erfüllen sie ihm jeden Wunsch. Das ist falsch. Kinder fühlen intuitiv: Solche Eltern sind nicht konsequent. »Meine Eltern sind Schwächlinge. Auf die kann ich mich nicht verlassen!« Und schon haben die Eltern, anstatt Liebe gewonnen, die Liebe der Kinder verloren.

Wer bestehen und sich durchsetzen will, braucht Mut, die Wahrheit zu erkennen, Mut, sie zu sagen, Mut, ein Geschäft zu beginnen, Mut, schlimmstenfalls zu verlieren, Mut, zu lieben und sich in einer Ehe zu binden, Mut auch in tausend Kleinigkeiten. Um vorwärtszukommen, brauchen Sie den Mut zum Wagnis. Denn: »Wer nicht wagt, gewinnt nicht.«

Sich nicht beirren zu lassen, nach den unabänderlichen Naturgesetzen zu leben und mit beiden Beinen auf dem Boden zu stehen, das erfordert neben Unterscheidungsvermögen und Mut noch eine weitere Qualität, die wir uns ebenfalls aneignen können durch gezieltes Denken.

Zuversicht

Sie haben den Mut und lassen sich in dieses Experiment ein. Sie stimmen zu, daß Denken ein schöpferischer Akt ist. Sie bauen sich damit das Fundament zu Erfolg und Glück. Sie finden hier einen entscheidenden Ausgangspunkt für Ihre Strategie:

Zuversicht! Das heißt: *Positiv denken, um positiv zu werden!*
Und das heißt wiederum: Überzeugt sein vom Erfolg. Sicher
sein, nicht zweifeln, nie zweifeln.

In den vergangenen Kapiteln wurde deutlich, daß geistige
Energie der Ausgang jeglichen Geschehens ist. Alles, was
sichtbar wird, ist seiner Grundsubstanz nach geistige Energie.
Denken ist das Bewegen geistiger Energie. Bewegte Energie
wird Sichtbares. Der Inhalt Ihres Denkens verwirklicht sich
materiell (Sie bauen das Haus, von dem Sie träumten) oder als
Geschehen (wie gewollt gewinnen Sie einen Menschen fürs
Geschäft, zum Spiel, fürs Leben). Nach demselben Schöp-
fungsgesetz ist alles entstanden, was existiert, und dieses
Gesetz wirkt hinein bis in die Kleinigkeiten jedes einzelnen
Lebens. Seien Sie schöpferisch durch zuversichtliches Denken.

Ausdauer

Sie gewinnen das, was Ihnen zum Besten dient, nur, wenn Sie
entschieden, mutig, zuversichtlich *und mit Ausdauer ans Werk*
gehen.

Diese Eigenschaften sind unumgängliche Voraussetzungen. Sie müssen entwickelt und trainiert werden, wenn sie
Ihnen abgehen. Vergessen Sie nicht: Es gilt so vieles im
Leben zu erreichen, was Sie bisher nicht erreicht haben.
Vielleicht drängt es Sie, Ihre berufliche Position zu verbessern oder eine neue, bessere zu gewinnen? Vielleicht möchten Sie das Verhältnis mit Ihrem Partner glücklicher gestalten? Das geht nicht ohne Selbsterziehung. Sie könnten beispielsweise leicht ein paar unschöne Angewohnheiten able-
gen. Oder müssen Sie denn Ihrem Mann immer ins Wort
fallen? Oder Ihre Frau bei jeder Kleinigkeit anschreien?

Entscheiden Sie sich, nehmen Sie sich den Mut, und mit Zuversicht und Ausdauer kommen Sie ans Ziel. Ist etwa nicht ihr Ziel, geliebt zu werden?

Selbst schwerwiegende, ja sogar angeborene Charakterschwächen können wir, sobald wir sie erkannt haben (Unterscheidungsvermögen), mit ständigem Bemühen (Ausdauer) überwinden, besonders wenn uns der Partner dabei unterstützt.

Nur einmal in einer Sache Mut zu beweisen, ist nichts. Haben wir ein Problem bewältigt, so ist garantiert das nächste da. Deswegen müssen die Eigenschaften einer starken geistig-seelischen Grundlage mit Ausdauer trainiert werden. Vieles erschüttert unsere Zuversicht. *Positiv sein heißt nicht zuletzt auch durchhalten, nicht zweifeln; das Ziel ist zu erreichen!*

Echtes positives Denken kann nicht erschüttert werden, braucht es auch einige Zeit bis zur Verwirklichung unserer Ideen und Wünsche. Durch vieles werden unsere guten Vorsätze und Ansätze gestört. Auf die Ausdauer kommt es an.

Nach einem Tag voller Enttäuschungen ging ich deprimiert ins Schlafzimmer. Auf meinem Bett fand ich ein Blatt Papier. Meine liebe Mutter hatte mit großen Buchstaben darauf geschrieben: »Nicht das Beginnen wird belohnt, sondern einzig und allein das Durchhalten.«

Selbstmitleid

Warnungen werden ausgesprochen und oft nicht befolgt. Haben Sie aber schon erlebt, wie das Selbstmitleid zu einem Strudel wird, der hinunterzieht? Dann sollten Sie meine Warnung ernst nehmen. Entdecken Sie nur eine Andeutung von Selbstmitleid, das kleinste Sich-selbst-Bedauern, so erfassen Sie es und schleudern sie es von sich, bevor es Sie erfaßt!

Selbstmitleid ist ein Geschehen so tief im Innersten des Menschen, daß niemand und nichts dagegen helfen kann. Es ist absolut keine Hilfe von außen zu erwarten! Sich selbst bedauern, das macht schwach, trübt den objektiven Sinn; man belästigt mit dieser destruktiven Haltung seine Umwelt und macht sich unbeliebt. Mit Selbstmitleid ist der Mensch wertlos für die Gesellschaft und für sich selbst eine Last, die eines Tages nicht mehr zu ertragen ist. Es ist eine Wurzel zu vielen Übeln, ein Parasit am Geiste, ein seelisches Krebsgeschwür.

Der weitaus größte Teil aller Depressionen, aus den verschiedensten Gründen verursacht, kann so massiv nur wegen ständigen Sich-selbst-Bedauerns zur Geltung kommen. Damit verlangen diese Menschen Hilfe von außen, von anderen, von Medikamenten, und die eigene Kraft versagt mehr und mehr. Der Depressive bedauert sich immerzu mehr und erschöpft seine Mitmenschen und sich selbst.

Ein heute fast neunzigjähriger Schriftsteller erzählte mir, wie er die einst elegante und verwöhnte Frau seines ersten Verlegers aus Dresden nach dem Krieg wiedertraf. Diese Dame, die früher ein großes Haus geführt hatte, lebte in einer Dachkammer und strickte, um nicht zu verhungern, Pullover.

Nach dem Verlust ihres Mannes, von Haus und Geschäft grübelte sie nicht dem nach, was verloren war, sondern sie überlegte, was zu gewinnen sei. Da sie nichts mehr besaß, blieb nur die eine Möglichkeit, wie man heute sagt, eine Dienstleistung zu verkaufen. Aber was konnte sie? Repräsentieren war nicht gefragt. Klavierspielen? In einer Zeit des Hungers war Klavierunterricht Luxus. Sprachen? Das gleiche. Aber in ihrer

Jugend als »höhere Tochter« hatte sie auch stricken gelernt, und so strickte sie Pullover nach dem Motto »Aus zwei mach eins«. Ihr blieb keine Zeit für Selbstmitleid. Und sie »strickte« sich in jener schwierigen Nachkriegszeit durch in bessere Zeiten.

Das Gegenteil konnte ich an zwei Schwestern beobachten. Internat in England, Reiten, Tennis, Gesellschaften. Dann kam der Krieg. Und danach? Die Eltern waren tot, das Vermögen war verloren. Die Geschwister lebten in einer winzigen Sozialwohnung. Ihr Selbstmitleid zog sie in Depressionen und diese in Trägheit und Stumpfheit. Krank vegetierten sie in unvorstellbaren Verhältnissen, bis sich die staatliche Fürsorge ihrer annahm.

Die menschlichen Schicksale sind so vielfältig wie die Formen und Farben dieser Welt, und oft glauben wir Anlaß zu Selbstmitleid zu haben. Doch dem dürfen wir uns unter keinen Umständen überlassen. Es ist immer, ohne Ausnahme, der Strudel nach unten. Halten Sie sich von Selbstmitleid frei!

Selbstmitleid klammert uns an die Vergangenheit und lähmt uns in der Gegenwart. Doch die jetzige Gegenwart ist gleich schon Vergangenheit. Auf die Vergangenheit haben wir keinen Einfluß mehr, wohl aber auf die Zukunft. Die ist offen. *In der Zukunft ist noch alles möglich, alles Gute, wenn wir uns auf das Gute einstellen. Daran nicht zu zweifeln, heißt positiv denken.* Das bedeutet schöpferisch zu sein für unsere bessere Zukunft. Deshalb: Niemals durch Selbstmitleid seine Kraft vergeuden an die Vergangenheit! Jeder braucht seine ganze Kraft für den Aufbau seiner Zukunft, einer besseren Zukunft.

Um die Kraft aufzubringen, aufkommendes Selbstmitleid sofort auszumerzen, müssen wir uns hüten vor der Verweichlichung.

Verweichlichung

Wer nicht übt, wird nie ein Meister. Das gilt im Langstrecken-lauf, im Boxen, als Friseur oder Tapezierer, in der Kunst oder der Wirtschaft. Trainieren, mit Ausdauer üben muß, wer sein Leben meistern will.

Es gibt ein chinesisches Sprichwort: »Wenn du dein Kind verwöhnst, damit tötest du es.« Das Leben später dann verwöhnt nicht. Das verweichlichte Kind, das aufs Leben schlecht vorbereitet ist, muß scheitern oder unter harten Bedingungen umlernen. Der Mensch, der von Kindheit an geübt wurde, sich einzusetzen, Verantwortung zu übernehmen, sein Möglichstes zu leisten, wird es später im Leben um vieles leichter haben.

Von Lebensmeisterung weit entfernt sind jene, die auf der Welle der Wirtschaftskriminalität oben schwimmen und High-life zu spielen belieben, aber auch jene anderen Fehlgeleiteten, die sich in den Fatalismus der Rauschgiftsüchtigkeit flüchten. Diese Haltlosen sind verweichlicht innen und außen und reichlich skrupellos. Lebenskunst aber ist, sich im Existenz-kampf zu bewähren, im Privatleben eine glückliche Harmonie zu schaffen und für die eigene Person den Sinn des Lebens zu erkennen und sich zu bemühen, danach zu leben. Dieses Ziel und damit den inneren Frieden erreicht man nicht ohne Arbeit an sich selbst.

Wer sich morgens nicht von der weichen Wärme seines Bettes und seiner Frau trennen kann oder zwei von acht Arbeitsstunden nur Zeitung liest, muß in Kauf nehmen, daß er beruflich nur schleppend vorankommt. Wer kaltes Wasser an seinem Körper und jeden Gang in frischer Luft scheut, darf sich nicht wundern, wenn Herz und Kreislauf eines Tages ihr Soll nicht mehr erfüllen.

Mein Aufruf, Disziplin und Kraft zu trainieren, wird nicht jedermann gefallen. Wir leben in einer Zeit, in der den Schwachen und Kranken sehr viel Aufmerksamkeit gewidmet wird. Woher aber kommen Schwäche und Krankheit? Aus Unwissenheit, falscher Erziehung und falscher Einstellung. Viele Eltern von heute verteidigen den weinenden Jungen; es heißt:»Warum darf denn ein Mann nicht weinen?« Natürlich darf er, aber er muß auch wieder aufhören! Und das sollte ihm schon als Kind gelehrt werden.

Mit Vergnügen habe ich von einer Psychoforschung gelesen, die endlich auch einmal Gesunde und Starke testet, nämlich Kinder: erstaunliche Kinder, die freundlich, fleißig, ideenvoll, schöpferisch, kontaktfreudig sind, obwohl sie – und das ist das Besondere an diesem Test – sogar in schwierigen Verhältnissen leben, mit schizophrenen Müttern, kriminellen Vätern, in asozialer Umgebung. Die Forschungen werden von den Psychiatern E. JAMES ANTHONY von der Universität Washington und NORMAN GARMEZY, Professor an der Universität Minnesota, betrieben (der ein Forschungsstipendium auf Lebenszeit an dem»National Institute of Mental Health«, also einem Institut für geistige Gesundheit, hat). Um die Erkenntnisse als Lebenshilfen allgemein weitergeben zu können, wollen die beiden Forscher herausfinden, welche Eigenschaften diese Kinder befähigen, ihre schwierigen Lebensverhältnisse zu meistern. Die Kinder, die von den Forschern die »Unverwundbaren« genannt werden, besitzen jene Eigenschaften, die ich in diesem Kapitel als notwendige Voraussetzungen für die richtige Grundeinstellung und somit für Erfolg und Glück im Leben herausgestellt habe.

Auf der Grundlage der in den vorangegangenen Kapiteln aufgezeigten naturgesetzlichen und ethischen Gesetzmäßigkeiten und der in diesem Kapitel genannten maßgebenden Eigen-

schaften gelangen wir zu Reichtum und Fülle. Wer die richtige Grundeinstellung hat und die »Zauberformel Gedankenkraft« im Sinn aufbauenden positiven Denkens anwendet,
wird auf dem Weg zum Reichtum nicht nur Teilerfolge
erzielen wie JOHN D. ROCKEFELLER, der zwar der reichste
Mann Amerikas war, aber infolge seines Geizes krank
wurde. Nein, es gibt größere Möglichkeiten des Reichtums,
nämlich reich zu sein an materiellen Gütern, an Gesundheit,
Bildung, Herzensbildung, Weisheit, Lebensfreude, einfach
»rundherum«.

Es gilt, die vorhandenen Möglichkeiten zu nutzen, wobei
ich allerdings an das Wort aus den *Weden* erinnere: »Strebe
zuerst nach Erkenntnis und dann nach Wohlstand.« Daß
dieser Erkenntnis heute wenig Beachtung geschenkt und ihr
noch weniger nachgelebt wird, geschieht zum Nachteil des
Menschen. So erwartet er das Glück von außen, das ihm auf
dem einen oder anderen Gebiet auch zufallen mag; aber er
wird niemals in seiner Ganzheit sicher, glücklich und zufrieden.

Der Großindustrielle HENRY FORD war ein Mann, für den
dieses Wissen eine Selbstverständlichkeit seiner geistigen
Einstellung bildete. Der Automobilkönig, der 1947 starb,
sorgte mit sozialem Weitblick für seine Mitarbeiter. Unter
seinen Biographen sind zwar auch Stimmen laut geworden,
die dagegen sprechen. Doch historische Tatsache ist, daß
1914 ganz Amerika in Aufruhr geriet, als Ford erklärte, daß
ab sofort kein Arbeiter weniger als fünf Dollar pro Tag
verdienen soll. Den Kunden zahlte er Übergewinne zurück,
wenn sich die Kalkulation als zu hoch herausgestellt hatte.

RALPH WALDO TRINE, ein bekannter Lehrer der amerikanischen Neugeistbewegung, hat das nachstehende Interview mit
Henry Ford festgehalten:

Interviewer: Ich würde gerne Ihre Meinung darüber hören, wie man Unternehmen erfolgreich nach geistigen Grundsätzen leitet. Die Welt kennt Ihre Leistungen auf dem Sektor der Kraftwagenherstellung. Ich staune um so mehr darüber, weil ich daran denke, daß Sie in der Jugend arm waren. Darf ich Ihr Erfolgsgeheimnis kennenlernen?

Henry Ford: Daß ich in meiner Jugend arm war, stimmt nicht ganz, denn in Wirklichkeit hat jeder, wenn er mit einer Aufgabe beginnt, alles, was er benötigt, zu seiner Verfügung.

Interviewer: Genau das war es, was ich von Ihnen zu hören erwartete. Und wenn Sie so viel zum Fortschritt der Menschen beigetragen haben, dann offensichtlich aufgrund Ihres Vertrauens zum Reichtum des Lebens, das Sie in sich trugen und tragen und das Sie befähigte, diesen *inneren Reichtum* auch äußerlich zu manifestieren. Dabei sehe ich, daß Sie dem äußeren Reichtum und Besitz keine große Bedeutung beimessen.

Henry Ford: Mit Recht, denn Reichtum und Besitz sind nichts als Instrumente oder Mittel zur Erfüllung unserer Erdenaufgaben im Dienste des Ganzen.

Interviewer: Sie sprachen einmal davon, daß – einerlei, ob diese Erkenntnis nun aus Amerika, Japan oder sonstwoher stammt – die Wahrheit des neuen Geistes, der die Menschen erleuchten werde, die folgende sei: Wenn einer sich groß und fähig bejaht und glaubt, daß er das, was er vollbringen möchte, auch zu leisten vermag, dann wird er von dem Augenblick an die Dinge, die Umstände und die Umwelt so beeinflussen, daß sie der Verwirklichung seines Ideals oder Zielgedankens dienen. – Wer so denkt, der aktiviert in der Tat eine Kraft, für die den meisten noch das Verständnis abgeht. Meine Frage an Sie ist diese: Haben Sie je das Vorhandensein dieser *Verwirklichungskraft*, die größer als alle Menschenmacht ist, gespürt? Vielleicht nennen Sie sie Gott? Sind Sie sich der Gegenwart dieser Kraft ständig bewußt? Oder was tun Sie, um mit dieser Kraft in Kontakt zu kommen und zu bleiben?

Henry Ford: *Seitdem ich der Geistigkeit der Welt bewußt wurde*, weiß ich um die Allgegenwart dieser Verwirklichungskraft oder Lebenskraft. Eigentlich sollte es für jedermann das Wichtigste sein, diese Kraft in sich bewußt zu werden, die wir je nachdem als »Geist« oder »Materie« werten, obwohl diese in Wirklichkeit nur zwei Aspekte oder Seiten der einen Wirklichkeit, also eins sind. Am leichtesten aktiviert man diese Kraft, wenn man seine Arbeit im Geiste der goldenen Regel dem Wohl der größtmöglichen Zahl von Menschen dienen läßt.

Interviewer: Wäre das alles, was zu tun ist?

Henry Ford: Nein, nicht alles. Lassen Sie mich das erklären: Jedes Wesen ist als Mikrokosmos ein Ebenbild des Universums. Zugleich ist es ein lebendiger Teil des Kosmos. Jeder ist in seinem Innersten mit dem Geist des Alls verbunden, der in ihm gegenwärtig ist. Wir nennen diesen zentralen Wesenskern *das Selbst*. Wann immer wir etwas wünschen, uns mit unserem ganzen Herzen darauf konzentrieren, nach seiner Verwirklichung streben und den Erfolg bejahen, strömen die Kräfte des Alls in uns ein, die uns bei der Realisierung helfen. Jeder kann, solange er das Gute will und tut, dieser Hilfe teilhaftig werden. *Sie bedient sich unserer positiven Gedanken* als Träger und führt uns eben das zu, was die Verwirklichung ermöglicht.

Interviewer: Und diese Hilfe von oben . . .

Henry Ford: . . . ist durchaus nicht fern und schwer erreichbar, wie viele wähnen. Sie ist immer gegenwärtig. Aller Reichtum des Lebens steht jedem jederzeit zur Verfügung. Er ist innen wie außen. *Aktiviert wird er,* wie gesagt, *durch rechtes Denken,* durch positive Vorstellungen und Bejahung des Ersehnten, nach denen dann die geistigen Bildekräfte die entsprechende Wirklichkeit gestalten.

MERKSATZ:

Die geistige Einstellung besteht aus dem Wissen um die naturgemäße Kraft des Geistes und ist zu aktivieren durch aufbauendes positives Denken und charakterliche Disziplinierung. Wer begreift, daß der Mensch als Naturgegebenheit alle Möglichkeiten in sich trägt, jene zur Lebensmeisterung bis zur Selbstverwirklichung, der wird mit dem hier aufgezeigten Weg Erfolg haben. Es gibt keinen anderen.

Die Fülle des Lebens steht jedem Menschen zur Verfügung. Der Reichtum ist außen und innen. Aktiviert wird er durch rechtes positives Denken.

Kapitel 5

Wie lernt man positives Denken?

Mit Hilfe der nun folgenden Übungen können Sie sich zielführende Techniken aneignen, die zu gezieltem Denken führen und in Ihrem Alltag von höchstem Nutzen sein werden. Ich werde jeweils immer nur eine einfache, aber wirksame Übungsmethode beschreiben, die Sie von Stufe zu Stufe aufwärts führen wird.

Natürlich gibt es über die nachstehend beschriebenen Übungsmethoden ausführliche einschlägige Fachliteratur, die allen Interessierten offensteht und im ganzen doch nur von wenigen gelesen wird.

So hoffe ich denn, daß ich Ihnen mit diesem Buch einen entscheidenden, Ihr Leben verändernden Anstoß und zugleich einen Leitfaden jener praktischen Übungen zu vermitteln vermag, die tatsächlich von Stufe zu Stufe geistiger Selbstfindung aufwärts führen.

Von entscheidender Wichtigkeit wird natürlich sein, daß Sie über die nachstehenden Seiten nicht einfach hinweglesen, sondern die einen oder anderen der empfohlenen Übungen auch tatsächlich durchführen.

Wenn Sie das tun, werden Sie bei jeder einmal erreichten Stufe erkennen, daß Ihr Bemühen nur der Einstieg in immer höhere Bereiche des Geistes war, die Sie auf transzendentale Ebenen führen, so daß Sie dann die Geisteskraft sozusagen nicht mehr von unten, sondern von oben her sehen und sich immer größerer Kräfte bewußt werden.

1. Ruheübungen

Wenn auch langsam, so setzt sich doch mehr und mehr die Ansicht durch: Das materialistische Zeitalter liegt in der Agonie. Nun wird es notwendig, die geistigen Gesetze zu erkennen und mit ihnen zu leben, damit sie im Alltag zum eigenen und anderer Menschen Wohl umgesetzt werden. Die Situation der Welt verlangt von uns als eine Frage des Überlebens in uns zu gehen – und nicht, wie ja nur Verstörte außer sich sind, außer uns zu sein.

Wer denken lernen will, muß zuerst stille werden können. Ein altes indianisches Sprichwort sagt: »Schweige in deiner Jugend, damit im Alter ein Gedanke zum Wohle deines Volkes in dir reifen kann.«

Eingebungen aus dem Überselbst ins persönliche Selbst sind nur in der Ruhe möglich. Kraft sammelt man einzig und allein in der Ruhe. Geistige und körperliche Entwicklung und Entfaltung vollziehen sich nicht in Trubel und Hektik! Wohl braucht der Mensch Reize und Antriebe zum Leben. Doch solche sind automatisch mehr als genug vorhanden im Existenzkampf, im privaten Alltag und angesichts des heutigen Angebotes von Sport und Unterhaltung. Je mehr Aktivität, um so mehr bzw. intensivere Ruhepausen sind zum Ausgleich nötig. Wer diesem Gesetz nicht gehorcht, wird jedenfalls eines Tages die Erschöpfung spüren, sei es nach längerer oder sei es schon nach kürzerer Zeit; zerrüttete Nerven oder andere Erkrankungen werden die Folge sein.

Nach körperlicher Leistung bedürfen die Muskeln ihrer Pause. Auch geistige Arbeit ermüdet. Schon die Gegenwart anderer Menschen, besonders wenn sie Hilfe erwarten oder unserem Wesen sehr entgegengesetzt sind, schwächt die eigene

Lebenskraft. Kurz gesagt: Das Leben ist anstrengend, und unsere Kraft muß ständig erneuert werden. Bestgeeignet ist Schlaf oder das ruhevolle Erlebnis edler Musik oder der Natur. Derjenige, der gut schlafen kann, sollte dankbar dafür sein und diese Kraftquelle bewußt nutzen. Als Erholung ist nichts dem Schlaf gleichzusetzen, auch nicht die oft als Ersatz angepriesenen Hilfen der Meditation. Das gilt höchstens für den, der die Meditation meisterlich beherrscht. Jedenfalls ist sie aber ein zusätzlicher Gewinn.

Bezüglich der Musik sei klargestellt, daß nur die harmonische Musik eine ausgleichende »Seelennahrung« ist. Hysterische Produkte jüngster, sogenannter moderner Musik sind lediglich der Ausdruck der inneren Zerrissenheit des »Künstlers« und seiner geistfernen Epoche. Solche Musikexzesse können nicht Ruhe, Kraft, Hilfe und Entfaltung bewirken. Experimentelle Forschungsbeobachtungen haben gezeigt, daß sogar Pflanzen bei Rockmusik eingehen und mit BEETHOVEN lebhaft blühen. Wenn die jüngere Generation sagt, sie entspanne sich in der Diskothek und die ältere Generation beim Krimi, so ist das, soweit es wahr ist, nur ein Zeichen des degenerierten Empfindens unserer Zeit.

Zwar können wir jede Art von Kunst zu Hilfe nehmen, uns selbst zu finden, zu beruhigen und zu kräftigen. Ob aber Literatur, Musik oder dargestellte Kunst, all dies kann nur dann Ruhe vermitteln und denkerische Impulse wecken, wenn es sich um Kunstwerke handelt, die aus dem gestaltet wurden, was Beethoven so beschrieben hat: »Ja, von oben muß es kommen, das, was das Herz treffen soll; sonst sind's nur Noten – Körper ohne Geist! Dreck oder Erde, nicht wahr?«

Kann Ihnen Musik oder Kunst eine Hilfe sein zur Ruhefindung, dann halten Sie sich an die Großen unter den Künstlern, welche Vermittler waren – und es aufgrund ihrer Werke noch sind –, um tieferes Wissen an uns weiterzugeben. Nur große Kunst enthält Aussagen über die geheimen Wahrheiten und den Sinn des Lebens, und das zu fühlen beruhigt die Seele – sogar im Leid. So verstanden ist das Kunsterlebnis ein Hilfsmittel, Ruhe zu vermitteln, zum höheren Selbst und somit in unsere wahre Heimat seelisch-geistiger Geborgenheit zu finden.

Nur der bewußte Kontakt mit dem Überselbst, mit dem absoluten Geist, mit Gott, aus dem wir stammen, gibt uns Sicherheit und ruhevolle Stärke, die uns körperliche Gesundheit und inneres Wachstum verleiht.

Ein geruhsames Leben in geregelten finanziellen Verhältnissen und Stumpfheit im gleichmäßigen Alltagstrott ist nicht mit echter innerer Ruhe zu verwechseln. Aus solcher Interesselosigkeit entsteht allzuoft Langeweile, und die wiederum verursacht Streß. Von dem deutschen Herzspezialisten Professor MAX J. HALHUBER hörte ich folgende Äußerung: »Immer häufiger stelle ich fest, daß Patienten mit einem Herzinfarkt zu mir kommen, die kein Übergewicht haben, kaum rauchen, nicht an Bluthochdruck leiden und eigentlich ein ausgeglichenes Leben führen. Lange Zeit war es für mich ein Rätsel, wie es zu einem Herzinfarkt kommen konnte, obwohl es bei diesen Patienten nicht die bekannten Risikofaktoren gab. Sie haben ein anderes Leiden: Sie fühlen sich nirgendwo geborgen, sind nirgendwo zu Hause; sie sind, obwohl niemand sie vertrieben hat, heimatlos geworden.«

Haben Sie die Notwendigkeit erkannt, Ruhe zu pflegen, um die eigene geistige Mitte als wahre Heimat wiederzufinden, dann wenden Sie sich an den größten Künstler und wandern Sie in der Natur. Betrachten Sie das Wunderwerk – unsere Welt. Schon ein Gang durch Ihren Garten in Muße und Besinnlichkeit kann das vermitteln. Sie sehen die Rosen, entdecken, wie hoch die Hecke gewuchert ist, oder Sie bewundern, wie aus kleinen, gelben Blüten dicke, rote Tomaten gewachsen sind. Gedanken über das Wunder des Lebens – auch des eigenen – schließen sich an und werden vielleicht eines Tages wertvoll umgesetzt in einem Alltagsgeschehen. Ein Spaziergang, besonders allein, vermag uns große Ruhe zu vermitteln.

Diese Hilfsmittel zur Ruhefindung werden uns allerdings von belastenden Gefühlen oder störenden Gedanken nicht völlig befreien können. Doch wir fühlen uns anschließend wenn auch nicht wie neugeboren, so doch wie gebadet.

In der selbstgewählten Stille können wir Belastungen erkennen und ausgleichen, uns über Konflikte Klarheit verschaffen und anschließend zielstrebig und in Gelassenheit entsprechend handeln. Das bringt mehr Gewinn, als uns im Kleinkram zu erschöpfen, in überreizter Stimmung zu schimpfen oder zu hadern.

Zeitnot, Zeitnot und nochmals Zeitnot, das ist immer zu hören. Wie aber ist es mit der Seelennot? Die Hausfrau wie auch der Topmanager müssen Zeit auch für die Ruhe einplanen, sonst ist alles Bemühen und Streben halbwegs wertlos. Ich erinnere an japanische Spitzenkräfte in Politik und Wirtschaft: viele von ihnen nehmen sich die Zeit zu regelmäßigen morgendlichen Konzentrationsübungen.

Heutzutage verausgaben sich viele Menschen derart, daß sie sich selbst nicht mehr sammeln können, weil sie weder in der Familie noch in sich einen Halt haben. Sie sind »überdreht«. Es erscheint ihnen unmöglich, hinzusitzen und einige Minuten gar nichts zu tun. Einfach nur »da zu sein«. Solche bewußte Passivität schaltet körperlich auf Normalfunktionen und seelisch auf Empfangsbereitschaft. Es ist für Kranke wie für Gesunde ein bewährtes Mittel der Revitalisierung. Überhaupt ist Ruhe zu üben von außerordentlichem Vorteil, denn wer in einer Problemsituation nicht die Ruhe bewahren kann, wird auch nicht den errettenden Gedanken finden.

Praktische Übung

o Ruhiger Raum, gute Luft.
o Still sitzen oder liegen, beengende Kleidung lösen.
o Augen schließen.
o Übermäßige Gefühle »loslassen« (siehe denktechnische Übung).
o »In die Ruhe gehen.«
o Stimmung: Ohne etwas zu wollen, bereit sein für das Gute.
o Stillwerden, vertrauen, warten, bereit sein.

Sollten Ihre inneren Gefühle gerade jetzt zerrissen, unschlüssig oder enttäuscht sein, dann setzen Sie das Gelesene in die Tat um. Fünf oder zehn Minuten solcher Ruhe sind keine vergeudete Zeit, sondern körperlich und seelisch eine große Kraftquelle. Wenn Sie noch nicht ruhig sitzen können, so machen Sie einen Spaziergang. Regnet es? Das ist keine Ausrede! Sie ziehen sich passend an, her mit dem Schirm und hinaus geht's! Erleben Sie den Kontakt mit dem höheren Selbst, des Menschen wahrer Heimat. Davon sind Regen, die ganze Natur und auch der Mensch sichtbar gewordene Teile. Gewiß stimmen Sie mir zu, doch wissen ist zu wenig – tun muß man's!

LEITSATZ:

Lernen Sie das Ruheerlebnis durch edle Kunst, die Natur oder praktische Übung kennen.

2. Entspannungsübungen und autogenes Training

Die nun folgenden praktischen Übungen sind leicht in das Alltagsleben einzuplanen. Nehmen Sie sich dafür fünfzehn Minuten Zeit täglich. Nein, keineswegs fünfzehn Minute für jede Methode. Das ist gar nicht möglich. Zum Beispiel können Sie Yoga-Nidra erst machen, wenn Ihnen Entspannung und Konzentration geläufig geworden sind. Jede hier angebotene Übung erwächst aus der vorangegangenen und führt zu der folgenden. So werden Sie zu Beginn fünfzehn Minuten Entspannung praktizieren, doch später statt dessen fünfzehn Minuten Konzentration oder Gebet oder Meditation.

Entspannung dient der körperlichen und geistigen Balance! Sie ist der Ausgleich zur Aktivität aller Körperfunktionen. Die lebensnotwendige Anspannung hat ihre Grenzen. Sie muß ausgeglichen werden durch Entspannen. Entspannung ist eine Notwendigkeit, Ruhe ein Lebenselixier.

Nur im entspannten Zustand können alle Funktionen des Körpers zu ihrer Normalarbeit zurückfinden. Entspannungsfähigkeit ist ein notwendiges Attribut zum Gesundwerden wie zum Gesundbleiben. Mit der Fähigkeit zu entspannen müssen wir beginnen, wollen wir uns zu lebenstüchtigen, vitalen Menschen entwickeln, die aufgrund ihrer seelisch-geistigen Sicherheit Persönlichkeit ausstrahlen und Erfolg an sich ziehen. Und zu echter Entspannung müssen wir immer wieder zurückkehren aus der Hektik des Alltags und unserem ständig übertriebenen Wollen. Gefühl und Denken brauchen ebenso Entspannung wie der physische Körper. Ohne Entspannung gerät jeder Mensch in eine körperliche oder seelisch-geistige Notlage.

Darüber sind vielseitige Forschungen betrieben worden. Messungen vom Zustand der Muskulatur, der Blutgefäßerwei-

terung, der Atmung, Herzfrequenz und Hirnstromaktivität
sind in großer Zahl vorhanden. Wie sie ergaben, tut sich etwas
im Körper. Doch all dies überlassen wir der Wissenschaft. Uns
ist die erfahrbare Wirkung wichtig.

Der schnellste und beste Erfolg ist Ihnen sicher, wenn Sie
wissen, daß Entspannung eine völlig *natürliche und ungefährliche Angelegenheit* ist. Sagen Sie sich: Ich lasse mich vertrauensvoll in die alles umfassende Ordnung und Harmonie hineinsin-
ken. Das ist das beste Einstimmen.

Sollte am Anfang die Einführungshemmung auftauchen, so
seien Sie nicht irritiert. Das ist nur vorübergehend. Bei einigen
Menschen ruft das neue Erlebnis bewußt angezielter Entspannung eine Initialspannung, also eine anfängliche Spannung,
hervor. Sie läßt automatisch nach.

Es gibt zwei Grundformen. Entweder ist der Übende aktiv
beteiligt, indem er sich stimmungsmäßig und gedanklich in den
gelösten Zustand versetzt, oder er gibt sich andernfalls passiv
der Entspannung hin, indem er der Stimme eines Therapeuten
lauscht (Tonband abhören).

Meistens stellen sich ziemlich rasch körperlich spürbare
Erfahrungen ein. Mit dem Nachlassen der Spannung in der
Muskulatur findet sich das Gefühl der Schwere und mit der
Erweiterung der Blutgefäße das Empfinden von Wärme.

Mit Ausdauer überwindet man eventuelle anfängliche
Schwierigkeiten. Der Gewinn lohnt jede Mühe. Nach einiger
Zeit des Übens ist die Reaktion sekundenschnell da.

Praktische Übung der Tiefenentspannung

o Zu Beginn empfiehlt es sich, im Liegen zu üben. Beengende
   Kleidung öffnen, gegebenenfalls die Brille abnehmen. Die

Lage muß angenehm sein, und der Übende soll sich warm fühlen.

o Wem es eine Hilfe ist, der soll kurz die ganze Muskulatur anspannen, dann lösen und sich unmittelbar und völlig der Entspannung ergeben.

o Körper, Gefühl und Denken erleben vollkommenes »Loslassen«.

Nun prüfen Sie nach, ob Ihr Körper gelöst ist. Man beginnt bei den Füßen, denkt beobachtend alle Körperteile durch, immer mit der gedanklichen Hinwendung auf: Entspannt, gelöst, locker, warm, schwer. Konkret:

o Meine Füße sind gelöst.
o Die Knöchelgegend ist ganz locker.
o Die Waden sind entspannt.
o Die Kniegegend ist warm und gelöst.
o Die Oberschenkel, die ganzen Beine, sind schwer.

o Die Hüftgegend ist locker.
o Der Bauchraum ist entspannt.
o Die Rückenmuskulatur ist weich und gelöst.
o Der ganze Brustkorb ist entspannt.
o Das Herz schlägt normal.
o Die Atmung ist fließend.

o Die Schultergegend ist locker.
o Der Nacken ist ganz entspannt.
o Der Hals ist gelöst.
o Das Kinn ist ganz locker.
o Die Ohren sind gelöst.
o Die Gesichtsmuskulatur ist entspannt.
o Die Kopfhaut ist entspannt.

In dieser Weise wird der Körper geprüft, von den Füßen bis zur Kopfhaut. Dann spielen Sie die ganze Übung nochmals durch, jedoch jetzt beginnend bei den Fingern, wiederum bis zur Kopfhaut. Die Übungsformel lautet nun:

o Meine Finger sind gelöst.
o Meine Hände sind locker.
o Die Knöchelgegend ist ganz locker.
o Die Unterarme sind entspannt.
o Die Ellenbogengelenke sind warm und gelöst.
o Die Oberarme, die ganzen Arme sind schwer.
o Die Schultergegend ist locker.

o Die Schultergegend ist locker.
o Der Nacken ist ganz entspannt.
o Der Hals ist gelöst.
o Das Kinn ist ganz locker.
o Die Ohren sind gelöst.
o Die Gesichtsmuskulatur ist entspannt.
o Die Kopfhaut ist entspannt.

Es ist günstig, daß Schultern, Nacken, Hals, Gesicht und der ganze Kopf zweimal kontrolliert werden, da sich hier die Verspannungen schwerer lösen. Man wird beobachten, das heißt körperlich fühlen, wie örtliche Anspannung sich verliert.

Anschließend wandern die Gedanken nach innen. Alle Funktionen werden der Ordnungsmäßigkeit anvertraut. Dieses vertrauensvolle »Loslassen« führt noch weiter in das Innere, in den geistig-seelischen Bereich. Nach dem Check-up zur körperlichen Entspannung ist hier ein Vorschlag zur Tiefenentspannung.

o Alle inneren Funktionen sind in vollkommener Ordnung.
o Absolute Harmonie herrscht.
o Ich fühle mich hinein in die Schwere.
o Wohlbehagen erfüllt mein ganzes Sein.
o Zuversicht . . .
o Zufriedenheit . . .
o Kraft . . .
o Freude . . .
o Frieden.

Solch positive Empfindungen sind meistens zu Beginn des Übens nicht vorhanden, sondern werden zunächst einfach angestrebt. Später finden Sie die Erklärung, warum Sie diese denkend als Tatsachen ins Bewußtsein holen. Diese Übung führt von der Beruhigung des physischen Körpers über das Gefühl zum seelisch-geistigen Frieden.

Ist man nicht eingeschlafen und will die Ruhepause beenden, so folgt das »Zurücknehmen«; das bedeutet die Aufhebung der suggerierten Empfindungen, und zwar wie folgt: Bewußt einige Male tief durchatmen, den Körper wohlig strecken und dehnen, dann die Augen öffnen. Damit ist die Übung beendet.

Die gewinnbringenden Wirkungen der Entspannung sind vielseitig. Sie reichen vom gesteigerten Wohlbefinden über regeneriertes Leistungsgefühl, Ideenreichtum, seelische Kräftigung bis zum Durchbruch und Lösen körperlicher Schmerzen.

Doch der Wert regelmäßigen Trainings, und sei es nur in den Minuten vor dem Einschlafen, reicht sehr viel tiefer. Das »Loslassen« der Muskulatur ist eine Vorübung zu einem alles umfassenden Loslassen, wofür unser deutscher Sprachschatz kein Wort besitzt. Das Sanskrit, die Sprache des menschheitlichen Urwissens, nennt es »Pratyahara«. Jeder Mensch, der wahres, unzerstörbares Glück finden will, wird es lernen müssen – immer ein wenig mehr. Jede Bindung verursacht unweigerlich Leid. So sollten wir das »Loslassen« lernen von der äußeren Muskulatur bis zum inneren »Ich«. Jeder wird erfahren müssen, begehrte Dinge, unerfüllte Wünsche, geliebte Menschen und eines Tages das Leben zu lassen. Wer es nicht kann, wird gezwungen werden – und wird leiden.

Der Begriff des Loslassens hat eine Schlüsselfunktion bei der Verwirklichung der Gedankenkraft. Normales Entspannen ist der erste Schritt auf diesem Weg. Wer in dieser Richtung die Entspannung vom Körper in geistige Bereiche lenken möchte, beginne die Übung mit folgenden Gedanken:

o Ich lasse den Begriff von Zeit los.

o Ich lasse den Begriff von Raum los.

o Ich lasse die Muskulatur los.

o Ich lasse mein »Ich« los.

Das autogene Training

Im Rhythmus des natürlichen Lebens ist Entspannung ein völlig normales und nötiges Geschehen. Welch trauriges Zeichen für unsere Zeit, daß Entspannung heute systematisch gelehrt und gelernt werden muß!

Die bekannteste Entspannungstechnik, die in Deutschland bereits ihre Anhänger hat, ist das autogene Training. Es ist, in der Grundstufe, eine konzentrative Übung mit dem Ziel der Selbstentspannung. Im weiteren bietet dann der zweite Teil, die Aufbaustufe, reine Konzentrationsübungen an, mit denen ein bestimmtes Ziel durch Selbstmotivation erreicht wird.

Der Berliner Nervenarzt JOHANNES H. SCHULTZ (1884–1970) beobachtete die entspannte Haltung der Droschkenkutscher im damaligen Berlin. Die konnten es noch – das Entspannen! Genau dieses lockere Dasitzen, während sie ganz gelassen auf einen Fahrgast warteten oder ihr Pferd nach Hause trabte, erschien Professor Schultz geeignet für seine Entspannungstechnik. Und so lehren noch heute nach ihm, dem Schöpfer des autogenen Trainings, viele Therapeuten den »Droschkenkutschersitz«.

Er ist einfach einzunehmen: Sie setzen sich auf einen Stuhl und stellen die Füße in angenehmer Entfernung nebeneinander, stützen die Ellenbogen auf die Oberschenkel und lassen Oberkörper und Kopf leicht vorsinken. Das ist alles.

Der Anfänger übt im Liegen. Kragen und Gürtelenge sind zu lösen. Die Entspannungsübungen führen zu der Fähigkeit, sich später in jeder Haltung in Bruchteilen von Minuten entspannen zu können mit der Formel:

o Locker, ganz locker . . .
o Ich bin völlig entspannt.

Die Frage ist nun: Wie kommt man dahin? Antwort: Nur durch Üben!

Es empfiehlt sich, mit der Methode des autogenen Trainings zunächst beschränkt auf die Schwere- und Wärmeübungen zu beginnen und erst nach einer gewissen Erfahrung auch auf die anderen Übungen überzugehen.

Warum Selbstmotivation in Richtung Schwere und Wärme? Die Lockerung der Muskulatur geht Hand in Hand mit dem Gefühl der körperlichen Schwere. Erlebt der Mensch seine entspannte Muskulatur, so wird ihm dies als Schweregefühl bewußt. Die Vorstellung von gelösten Muskelfasern ist nicht einfach. Aber Schwere ist uns ein Begriff. Die Schwere haben wir oft empfunden. Wir erinnern uns, schwere Koffer getragen zu haben, oder an das schöne Gefühl vor dem Einschlafen, wie der ganze Körper sich schwer anfühlt. Diese Vorstellung der Schwere holen wir uns herbei. Wir verbinden uns mit dem Begriff der Schwere. Wir suggerieren uns Schwere, wir werden eins mit der Schwere. Und – unsere Muskulatur ist entspannt! Denn die Lockerung der Muskulatur ist gekoppelt mit dem Schweregefühl.

Das ist der kleine Trick: Wir suggerieren uns das, was möglich ist, um zu erreichen, was wir brauchen.

Bei der Wärmemotivation spielt sich Vergleichbares ab. Angenehme Spannung der Blutadern ist kaum vorstellbar. Aber das Wärmegefühl können wir mit Hilfe unserer Erinnerung leicht herbeiholen. Empfinden Sie nach, wie im letzten Sommer die warme Sonne auf Ihren nackten Bauch schien oder wie angenehm mollig warm so ein gutes Daunenbett ist. Der Einstieg in die Übung erfolgt über den Begriff der Wärme, und das bedeutet richtige Durchblutung der Blutgefäße. Kalte Fingerspitzen, kalte Füße, sind ja nichts anderes als Durchblutungsstörungen. Da die Gedanken so große Kraft haben, benutzen wir sie, um den Körper zu überlisten.

Dabei ist wichtig, sich genau an die empfohlene Formulierung zu halten: Ich bin ganz ruhig. Nicht: Es ist ruhig. Das bedeutet: Das Ich, mein Inneres, ist ruhig. Es besagt keineswegs, es sei draußen ruhig. Dort kann ein Lastwagen vorbeifahren, können Kinder spielen, kann der Nachbar seinen Rasen mähen. Das spielt sich während unseres Übens vollkommen außerhalb unserer Erfahrung ab. Denn ich kann ruhig sein, auch wenn um mich herum Geräusche sind.

Allein diese Übung ist schon von großer Bedeutung. Sie vermittelt uns mit der Zeit die Stimmung: Ich bin ruhig. Die Welt kann verrückt spielen. Das stört mich nicht. Ich bin ruhig von innen her.

Zur Durchführung der Übung wählen Sie eine Ihnen angenehme Stellung, bequemes Liegen oder Sitzen. Anfänglich mit einem Therapeuten zu üben ist empfehlenswert. Seien Sie bereit für die Ruhe, für die konzentrative Entspannung.

Jede der nachfolgenden Übungsformeln wird jeweils sechsmal still wiederholt (also nur gedacht, nicht gesprochen), die Ruheformel jeweils nur einmal. Üben Sie jede Formel einige Tage lang, bevor Sie auf die nächste eingehen. Später können Sie dann auf die Kurzformeln übergehen.

Formel der Schavereübung:

o Der rechte Arm ist ganz schwer 6mal
o Ich bin ganz ruhig. 1mal
o Der linke Arm ist ganz schwer 6mal
o Ich bin ganz ruhig. 1mal
o Das rechte Bein ist ganz schwer 6mal
o Ich bin ganz ruhig. 1mal
o Das linke Bein ist ganz schwer 6mal
o Ich bin ganz ruhig. 1mal

Später Kurzformel:

o Meine Arme sind schwer 6mal
o Ich bin ruhig 1mal
o Meine Beine sind schwer 6mal
o Ich bin ruhig 1mal

Noch später:

o Arme und Beine sind schwer . . .
o Ruhe.

Noch später:

o Schwere – Ruhe.

Formel der Wärmeübung:

o Der rechte Arm ist ganz warm 6mal
o Ich bin ganz ruhig. 1mal
o Der linke Arm ist ganz warm. 6mal
o Ich bin ganz ruhig. 1mal
o Das rechte Bein ist ganz warm. 6mal
o Ich bin ganz ruhig. 1mal
o Das linke Bein ist ganz warm. 6mal
o Ich bin ganz ruhig. 1mal

Später:
Die Formel wie bei der Schwere kürzen.

Formel der Herzübung:

o Das Herz schlägt normal 6mal
o Ich bin ganz ruhig. 1mal

Später:
o Herzschlag normal – Ruhe.

Formel für die Atemübung:

o Atmung ist fließend, gleichmäßig. 6mal
o Ich bin ganz ruhig. 1mal

Später:
o Es atmet mich – Ruhe.

Formel der Sonnengeflechtübung:

o Das Sonnengeflecht ist strömend warm 6mal
o Ich bin ganz ruhig. 1mal

Später:
o Sonnengeflecht strömend warm – Ruhe.

Formel der Stirnübung:

o Stirn ist angenehm kühl. 6mal
o Ich bin ganz ruhig. 1mal

Später:
o Stirn angenehm kühl – Ruhe.

Nach jeder Übung erfolgt das »Zurücknehmen«. Ist der Übende eingeschlafen, so erübrigt es sich. Das Zurücknehmen dient, wie schon gesagt, der Aufhebung der suggerierten Empfindungen. Am besten bedienen Sie sich auch für das Zurücknehmen einer Formel.

Formel des Zurücknehmens:

o Tief atmen . . .   Dabei atmen Sie bewußt ein paar Mal voll
                     durch.
o Arme fest . . .   Dabei ballen Sie die Hände zu Fäusten
                     und beugen und strecken die Arme.
o Augen auf . . .   Jetzt sind Sie frisch und erholt.

Zusammengefaßte Formel aller Übungen in ihrer Kurzform:

o Schwere.
o Wärme.
o Herzschlag normal.
o Es atmet mich.
o Sonnengeflecht strömend warm.
o Stirn angenehm kühl.
o Tief atmen, Arme fest, Augen auf!

Wer sich für das autogene Training im besonderen interessiert, der sei hier auf das Originalwerk von Prof. Dr. JOHANNES H. SCHULTZ *Das autogene Training*, Georg Thieme Verlag, Stuttgart, 15. Auflage 1976, verwiesen. Eine gute Zusammenfassung einer modifizierten Form des autogenen Trainings ist kürzlich auch von Dr. URS OBERLIN in seinem Buch *Ihr Sieg über den Streß*, Ariston Verlag, Genf, 1981, erschienen.

In meiner eigenen Praxis bevorzuge ich die eingangs dieses Abschnittes beschriebene »Praktische Übung zur Tiefenentspannung« aus dem klassischen Körperyoga. Ich habe die Erfahrung gemacht, daß diese Übung zur Tiefenentspannung von den meisten Rat- und Hilfesuchenden leichter in die Praxis ihres

ihres Alltags umgesetzt werden kann und sie somit schneller ans Ziel bringt.

MERKSATZ:

Entspannungsübungen führen zur körperlichen Regeneration. Sie sind der erste Schritt zum »Loslassen« als Hilfe bei der Überwindung von Kummer und Leid.

3. Konzentrationsübungen und autogenes Training

Autogenes Training ist eine Methode »konzentrativer Selbstentspannung«. Entspannung ist besprochen. Was gewinnen wir aus dem Teil der Konzentration?

Die ersten und einfachsten Erfahrungen sind von größter Bedeutung. Wer sich der Übung hingibt, wird die Schwere und auch die Wärme empfinden. Und wenn Sie dies auch nur in einem einzigen Körperteil bemerken, so ist das ein außerordentlich wichtiges Erlebnis. Erkennen Sie den Wert als einen Meilenstein auf dem Weg.

Mehr noch: Die Tatsache, daß Sie gespürt haben, wie Ihr linker oder rechter Arm oder Ihre Beine, vielleicht der ganze Körper, schwer wurden, diese Tatsache kann Ihr Leben verändern. Dieses Erlebnis kann Ihr ganzes Leben zum Guten wenden. Ja – so ist es!

Denn Sie haben einen Beweis an sich erfahren: Mit Gedankenkraft kann ich meinen Körper beeinflussen. Wenn das möglich ist, so ist auch noch mehr zu erreichen. Sie haben Ihre

Gedanken als eine Kraft erlebt. Ab heute nutzen Sie dies für Ihre Gesundheit, für Ihre glückliche Zukunft.

Werden Sie sich deutlich bewußt: Tatsächlich, nur vermöge meines Denkens spüre ich die Schwere, die Wärme. Mein Denken also verursachte in meinem Körper die Empfindung. Phantastisch! Dann kann mein Denken dem vegetativen Nervensystem Befehle erteilen! Ich suggerierte den Inhalt meines Denkens dem rechten Arm, also ist das auch hinsichtlich eines jeden anderen Körperteils möglich. Ich leite meine Suggestion zu meinen Nieren, zum Gehirn, zur Leber, zu den Drüsen, den Knien, zum Herzen. Ich suggeriere meinem vegetativen Nervensystem den ordnungsgemäßen Herzschlag.

Tatsächlich hat in unzähligen Fällen, in denen keinerlei Medikamente die gestörte Herzfrequenz verbessern konnten, das Konzentrationstraining auf dem Fundament der Entspannung die erwünschte Normalisierung bewirkt. Ähnlich erstaunliche Wirkungen sind in seelisch-charakterlicher Hinsicht zu erreichen. Auf der ganzen Welt gibt es Menschen, die ihre ehemalige Unscheinbarkeit und Unzulänglichkeit aufgrund konsquenter Disziplinierung und systematischen Trainings abzulegen vermochten und sich zu außergewöhnlichen Persönlichkeiten entwickelten. Die Grundlage ihrer Selbstfindung und Selbstverwirklichung bildete immer ihr entschiedenes positives Denken.

Professor J. H. SCHULTZ wollte das »autogene Training« als, wie er selbst erklärte, »*ein vom Selbst (autos) sich entwickelndes (gen = werden) und das Selbst gestaltendes systematisches Üben*« interpretiert wissen.

Das ist eine großartige Erklärung. Das »Selbst« kennt zum Beispiel den richtigen Herzrhythmus und auch die schicksalhafte Bestimmung des Menschen. Das Selbst ist die geistige Ursubstanz menschlicher Existenz. Wer in die Ruhe der Entspannung kommt, findet den Zugang zu seinem Selbst. Erst in Verbindung mit dem Selbst vermag man sich auch richtig zu motivieren. Wie schon erklärt, haben diese Vorgänge biophysikalische Wirkungen. Dies ist ein Wissen, das in den im Fernen Osten entwickelten Techniken zum Aufbau der Persönlichkeit immer bekannt und benutzt worden war. Das Verdienst von Professor J. H. Schultz ist es, den Weg zu diesen Erfahrungen auch uns Menschen des Westens geöffnet zu haben.

Bis vor kurzem hieß es in der Medizin des Westens immer, das vegetative Nervensystem, also das autonome, das selbsttätige Nervensystem, sei vom Willen nicht zu beeinflussen. (Es ist zuständig für körperliche Funktionen wie Herzschlag, Atmung, Verdauung usw.) Demgegenüber sagen heute fortschrittliche Mediziner: Das vegetative Nervensystem ist vom Willen *nicht unmittelbar* zu beeinflussen, wohl *aber mittelbar.* Erfahrung und Beobachtung haben gezeigt, daß gezieltes Denken, mit Ausdauer und Intensität eingesetzt, das geeignete Mittel solcher mittelbarer Beeinflussung ist.

Das beruht auf den erörterten biophysikalischen, und zwar energetischen Gegebenheiten unseres menschlichen Seins. Energetische Vorgänge stellen die Verbindungen zwischen unserem Denken und unserem physischen Leib her. Was wir mit der durch unser Denken bewegten Energie in Gang setzen, ist keine Einbildung, sondern führt tatsächlich zu Umschaltungen im Nervensystem mit erheblichen somatischen Wirkungen. Richten wir unsere Gedanken auf die Lösung eines seelischen Problems, so sind gleichermaßen eindrucksvolle, häufig sogar umwälzende Wirkungen zu erzielen.

Vergessen Sie nicht: Erste Voraussetzung ist die Entspannung, das »Loslassen«. Nur wer frei ist von jeglicher Ablenkung, kann sich sammeln und zu echter Konzentration finden.

Messungen haben ergeben, daß der Energiewert der Gedanken um so höher liegt, je konzentrierter sie sind. Die Wirkung
der Gedanken steht also in Relation zu ihrer Intensität, zur
Stärke der Konzentration. Diese wiederum hängt davon ab,
wie gut der Übende alle störenden Einflüsse beiseite zu lassen
vermag. Deswegen ist Konzentration ohne die Voraussetzung
von Entspannung und Loslassen nicht möglich.

Damit sage ich nicht, daß Sie mit dem Training warten
müssen, bis Sie die Entspannungstechnik völlig beherrschen.
Sie sollten vielmehr immer wieder bewußt die Entspannung
üben, um darin mehr und mehr Geschicklichkeit zu entwickeln
und diese ständig zu verbessern. Außerdem bringen Ihnen die
Übungen jedenfalls für den Augenblick wohltuende Beruhigung und Kräftigung.

Praktische Übungen

Wohl weiß ich, wie schwer es ist, die Gedanken zu kontrollieren. Dahin zu kommen, ist ja das Ziel, das Sie mit Hilfe
dieses Trainings erreichen können. Es wird Sie entsprechend
motivieren, wenn Sie sich die Tatsache vor Augen halten:
Ohne Gedankenkontrolle wird der Mensch nie Herr über
sein »Ich«, wird er nie Meister seines Lebens und erfolgreich
im Alltag.

Anfänglich werden Sie die verschiedensten Gedanken wie
lästige Fliegen stören. Sobald Sie sich in der Übung dessen bewußt werden, lassen Sie willentlich den Gedanken los
und kehren zu Ihrem Zentrum zurück. Im Zuge einer Übung
von zehn Minuten für ein oder zwei Minuten voll konzentriert zu sein, ist für den Anfang schon ein sehr gutes
Ergebnis.

Glauben Sie mir: Das Abschweifen der Gedanken ist für jeden Übenden das große Anfangsproblem. Das ging uns allen so. Deswegen lassen Sie sich aber nicht entmutigen. Wenn andere es geschafft haben, dann werden auch Sie erfolgreich sein können. Nach drei, vier solcher abgeirrter (möglicherweise durchaus zusammenhängender) Gedanken werden Sie sich der Abschweifung bewußt. Ärgern Sie sich nicht darüber. Holen Sie sich einfach wieder zurück zu dem Punkt, wo Sie die Konzentration verlassen haben, und setzen Sie die Übung fort. Das Abgleiten wird immer seltener vorkommen. Wenn Sie positiv denken – ab sofort, jetzt gleich –, können Sie an Ihrem Erfolg nicht zweifeln.

Bekannt ist die Methode, sich dem fremden Gedankengang einfach zu überlassen, bis er völlig »leergedacht« ist, und erst dann zurückzukehren. Dazu benötigt man jedoch Zeit, sehr viel Zeit. *Ich empfehle folgende Übungen:*

1. Am leichtesten fällt uns die Konzentration auf Aktivitäten, die uns lieb sind. Bewußt Musik zu hören beruhigt, entspannt und verhilft zur Sammlung. Ihr Bemühen, Ihr Gefühl und Denken bei der Musik zu halten, macht das Erlebnis zu einer klassischen Konzentrationsübung.

2. Etwas tun, ein handwerkliches oder sonst ein Hobby wie Bastel-, Reparatur- oder Gartenarbeiten, ist eine einfache Art der Konzentration auf eine Sache. Jede Konzentration auf eine Sache, der wir uns aktiv widmen, ist eine hervorragende Übung, die im Leben, besonders auch im Berufsleben, wertvolle Früchte bringt. Durch jede konzentriert ausgeführte Arbeit wird das bestmögliche Ergebnis erreicht. Nehmen Sie sich vor, von heute an jeden Tag irgendeine Arbeit bewußt als Konzentrationsübung durchzuführen.

Wichtig: Sobald man merkt, daß die Gedanken abgeirrt

sind, gilt es, sie zurückzuführen und wieder auf das Ziel der Handlung zu sammeln. Seien Sie nicht bekümmert, wenn Ihnen das passiert. Das ist normal. Das gleichmütige Fortfahren bringt garantiert den Erfolg.

3. Genauso trainiert man die Gedankenkraft in der Stille. Setzen oder legen Sie sich und wählen Sie Ihren Körper als Objekt Ihrer Sammlung. Werden Sie sich des Körpers bewußt, beobachten und spüren Sie die Schwere der Beine, des Rumpfes, von Kopf und Armen. Lauschen Sie auf Ihre Atmung und den Herzschlag. Erleben Sie sich. Sooft die Gedanken abirren, kehren Sie zurück an den Punkt, von wo aus Sie die Übung fortsetzen und beenden können.

4. Darüber hinaus können Sie Ihr Training beliebig erweitern. Betrachten Sie beispielsweise ein Bild oder malen Sie es in Gedanken. Oft hört man die Bezeichnung »Bildmeditation«; was aber im Westen als Meditation erklärt wird, ist meistens einfach eine Konzentrationsübung. Die Bildbetrachtung ist tatsächlich ein hervorragend geeignetes Mittel. Es gibt viele Einzelheiten zu sehen, woran sich Gedanken anknüpfen. Allerdings darf man nicht den Zusammenhang mit dem Dargestellten verlieren. Das macht ja die Übung aus.

Es ist ratsam, bei der Betrachtung oder später bei der Erinnerung eines Bildes systematisch vorzugehen. Wählen Sie die Methode, die Ihrem Wesen am besten entspricht. Sie beginnen am unteren Bildrand und lenken Ihre Beobachtung nach oben; oder das der Wichtigkeit nach gegebene Zentrum ist der Anfang, und Sie umkreisen diesen Mittelpunkt bis zum Bildrand in einer Spirale. Allerdings muß das Zentrum nicht in der Bildmitte liegen. Das Wichtigste kann an einer von der Mitte abliegenden Stelle des Bildes sein.

Zu Beginn derartiger Übungen wählen Sie am besten Ansichten, auf denen nur wenige prägnante Gegenstände sind. Dann nehmen Sie Fotos von Personen, und später Bilder, mit immer mehr Betrachtungsinhalt.

5. Eine Übung erhöhten Schwierigkeitsgrades ist die Bildvergegenwärtigung aus dem Gedächtnis. Sie legen das Bild weg und malen es im Geiste nach. Beginnen Sie mit den Dingen, an die Sie sich genau erinnern können, und ergänzen Sie es wie im Puzzlespiel. Bemühen Sie sich auch, die Kleinigkeiten aus Ihrer Erinnerung hervorzuholen. Erst wenn Sie absolut nicht weiter wissen, nehmen Sie das Bild zur Kontrolle wieder vor. Machen Sie die Übung mit demselben Bild so lange, bis Sie es sich jederzeit in allen Einzelheiten vollkommen vorstellen können.

Danach wählen Sie ein anderes; legen Sie aber zwischen Betrachtung und Erinnerung einen gewissen Zeitraum, einen Tag, mehrere Tage. Haben Sie dies des öfteren getan, werden Sie erstaunt sein, wie Ihr Bewußtsein selbst Kleinigkeiten registriert. Ihre Aufmerksamkeit, Ihr umfassendes Sehen und Erinnern werden so geschult, daß Sie Menschen, denen Sie früher einmal begegnet oder in einer Verhandlung gegenübergestanden sind, in allen Einzelheiten später in Ihre Erinnerung zurückholen können.

Die Japaner, die ja sehr stark ihrer geistigen Tradition verhaftet sind, haben derartige Übungen in den Gewohnheiten ihres Alltags. Zum Beispiel hängen ihre Bilder nicht an den Wänden, sondern sind ähnlich wie bei uns Bücher aufbewahrt. Wer nun ein Bild betrachten möchte, nimmt dieses aus der Verwahrung und entrollt es, um es dann anzusehen; anschließend wird es wieder fortgelegt. Natürlich ist eine solche Betrachtung eine echte Konzentrationsübung. Wer sich in dieser Weise trainiert, wird auch im gegebenen Augenblick fähig sein, über eine

Aufgabe oder ein Problem in der rechten Weise konzentriert nachzudenken.

In einem meiner Trainingsseminare erzählte ein teilnehmender Ingenieur, vor Jahren sei ihm in der Firma das wunderliche Benehmen japanischer Besucher aufgefallen, die das Unternehmen besichtigten. Nach der Besichtigung, in der Zeit vor dem Mittagessen, habe jeder Papier und Bleistift zur Hand genommen, habe sich irgendwo abseits gestellt und Notizen gemacht. Dieses wißbegierige, tüchtige Volk, das heute an der zweiten Stelle in der Weltwirtschaft liegt, hat erst nach dem Zweiten Weltkrieg seinen unerhörten wirtschaftlichen Aufschwung genommen, vergleichbar mit dem Erwachen aus dem Dornröschenschlaf. Vorher hatte Japan keine herausragende zivilisatorische Basis, aber immer schon eine starke geistige Kultur.

Dieser Ingenieur war fest überzeugt, daß jeder der japanischen Gäste vor der Besichtigung schon wußte, welchen Maschinenteil er sozusagen »fotografisch« festhalten wollte – kraft Erinnerungsvermögens. Aber können muß man's!

Japans Aufschwung hat bewiesen, daß Konzentrationsfähigkeit von größter Wichtigkeit ist. Konzentrationsvermögen ermöglicht ja nicht nur, registrierend präzise zu sein, sondern auch kreativ zu werden – neue Möglichkeiten zu entdecken und Ideen zu gewinnen. Jahrzehntelang imitierten die Japaner die Errungenschaften westlicher Industrienationen; heute haben sie in Wissenschaft und Wirtschaft ideenreiche Weltspitzenkräfte.

Auch unsere christliche Tradition kennt die Disziplin der Sammlung. Doch wer unterzieht sich heute noch echten Exerzitien? Was uns schwächt, ist die ständige vielseitige Zersplitterung. Wen wundert es, daß die meisten Menschen ihre Gedanken nicht mehr beisammen halten können? (Besonders gilt dies auch für die Schüler.) Wie vielfältig sind doch unsere Interessen und Ablenkungen. Dabei erleben wir die meisten Ablenkungen nur flüchtig, nur oberflächlich: am Rande unseres Seins. Flüchtig bleiben all die rasch wechselnden Eindrücke, die wir Fernsehen, Verkehr, Reisen, Sport, Mode, Kino, Werbung abgewinnen. Sogar Fragen der Weltpolitik und die Interessen in Beruf und Familie verfolgen viele Menschen nur nebenbei. Gerade deswegen gilt es, beharrlich zu sein und geeignete Konzentrationstechniken zu einem festen Teil Ihrer Lebensgewohnheiten zu machen.

Konzentrationsübungen des autogenen Trainings

Um der Vollständigkeit willen seien hier auch Methoden erwähnt, die in der Aufbaustufe des autogenen Trainings gelehrt werden.

1. Der Übende stellt sich in der autogenen Versenkung irgendeine Farbe vor. Die Farbwahl kann mit bestimmten charakterlichen Eigenschaften in Zusammenhang gebracht werden, wie zahlreiche Psychotests, etwa der LÜSCHER-Farbtest oder der Farbpyramidentest nach PFISTER dargetan haben. Die Farbwahl kann demnach Aussagen über die seelische Verfassung machen. Weitergehende Erläuterungen über die Bedeutung einzelner Farben werden hier absichtlich nicht gegeben, damit Sie in Ihren persönlichen Erlebnissen nicht beeinflußt sind.

2. Der Übende stellt sich die Aufgabe, selbstgewählte konkrete Dinge so plastisch wie möglich zu sehen. Man läßt einfach die Augen geschlossen und wartet, »nach innen schauend«, bis Bilder auf dem dunklen Hintergrund der geschlossenen Augenlider erscheinen: eine Landschaft,

eine Person, ein Gebrauchsgegenstand, Pflanzen oder Tiere.

3. Der Übende meditiert über abstrakte Begriffe wie etwa Glück, Gerechtigkeit, Schönheit, Freiheit, Harmonie, Leben, Gesundheit, Freude, Kraft, Ruhe, Frieden. Manche, insbesondere stark gefühlsmäßig reagierende Menschen vermögen diese Begriffe in bewegte und farbige Vorstellungen umzusetzen, die bisweilen auch mit akustischen Erlebnissen verknüpft sind. Dabei wird oft der Bereich des Allegorischen, des bildhaft Beschreibenden, verlassen, und es kommt zu einem Vorstoß in die symbolische, sinnbildliche Vorstellungswelt. Aus dieser Stufe können wie aus einem Nachttraum bereits nützliche persönliche Erkenntnisse gewonnen werden.

4. Der Übende kann zur Vertiefung der Selbsterkenntnis Bilderlebnisse mit Fragen unter dem Motto »Wer bin ich?«, »Was ist der Sinn meines Lebens?«, »Welches sind die Gründe meiner Angst, Frustration, Sorgen, Spannungen?« provozieren. Dadurch kontrolliert man seine Gefühlsreaktionen und die inneren Gefühlsbeziehungen zu bestimmten Situationen und Mitmenschen. Durch die mehrfache intensive Vergegenwärtigung werden negative Gefühlsbeziehungen versachlicht, und zwar nicht durch ein Abreagieren, sondern durch ein Abstandnehmen und durch Vertiefung des Urteils.

Im Yoga und im Zen gibt es, entsprechend dem Bewußtseinszustand des Schülers, thematisch verschiedene Übungen, denen besondere Bedeutung beigemessen wird. Der Schüler lernt, daß gezielte Gedankenkraft die stärkste Hilfe zur Persönlichkeitsentfaltung und das einzige Mittel ist, die Last der angestauten Emotionen und die Bürden des Schicksals zu überwinden. Weil das Geistige dem Emotionalen übergeordnet ist, können wir mit Hilfe des Denkens Kontrolle über unser gefühlsgeschütteltes Ich gewinnen. Solche Übungen lehre ich allerdings nur im direkten Kontakt mit dem Schüler.

In diesem Buch sei der ungefährliche, für jeden Menschen praktikable Weg gezeigt, die geistige Potenz nicht brachliegen zu lassen, vielmehr aus sich das Beste zu machen, zum eigenen und der anderen Menschen Wohl. Dazu verhelfen die beschriebenen Methoden.

Halten wir nochmals fest: *Konzentration ist nicht zu lehren, sondern zu lernen, und zwar durch Üben und ständiges Wiederholen.* Das aufrechte Sitzen mit untergeschlagenen oder verschränkten Beinen, das Zen- und Yogaschüler beherrschen, ist übrigens erst dann eine Hilfe, wenn es über jede beliebige gewünschte Zeit schmerzlos eingehalten werden kann. Sie können ohne weiteres auch liegend üben. Sollte Sie das leicht zum Einschlafen verführen, was bei den Konzentrationsübungen natürlich nicht erwünscht ist, dann können Sie beim Training in der Stille ebensogut auf einem Stuhl sitzen, mit nebeneinander stehenden Beinen, die Unterarme leicht auf den Oberschenkeln ruhend, den Rücken gerade an die Lehne gestützt – ähnlich, wie es von Bildern ägyptischer Götterstatuen her bekannt ist. Günstiger noch ist es, wenn die Beine waagerecht gestreckt liegen; diese Stellung ergibt sich, wenn Sie an eine Wand gelehnt auf dem Fußboden sitzen.

In der Praxis ist – um das nochmals zu betonen – sehr wichtig, daß Sie sich nicht beunruhigen, wenn Ihre Gedanken vom Gegenstand der Konzentration immer wieder abgleiten. Sie kehren einfach zurück, gleichgültig wie oft dies geschieht.

IHR NEUER VORSATZ:

Ich denke täglich für fünf oder zehn Minuten in der Stille die Vergegenwärtigung eines Bildes oder eine andere Vorstellung durch. Ab sofort führe ich außerdem jeden Tag eine oder mehrere Handlungen willentlich und bewußt als Konzentrationsübung durch.

4. Denktechnische Übungen

Nachdem Sie wirksame Methoden der Entspannung und Konzentration kennengelernt haben – deren erfolgreiche Anwendung in der Praxis Ihres Alltags einfach einige Übung erfordert –, müssen Sie nun nicht befürchten, in schwierige denktechnische Übungen hineingezogen zu werden. Die in diesem Abschnitt folgenden Übungen sind sehr einfach. Vorerst sollten Sie sich nur einmal vornehmen, sich herauszureißen aus den Schwierigkeiten und Mühseligkeiten Ihres Lebens, die zu ertragen Ihnen zur Gewohnheit geworden ist.

Zuversichtliches Denken ist nicht der Haltung eines Illusionisten gleichzusetzen. Sie sollen den Schwierigkeiten Ihres Lebens durchaus ins Auge blicken, sie klar erkennen. Doch Sie sollen sich von Enttäuschungen, Krankheit, Ihrem Existenzkampf, Ihren eigenen Schwächen, die Ihre Entwicklung stören, nicht zerstören lassen, indem Sie sich von ihnen beherrschen lassen. *Umgekehrt muß es sein! Sie werden sie beherrschen – dank gezielten Denkens!*

Benutzen Sie Ihren Verstand, um die richtige Einstellung vorzubereiten. Natürlich motivieren Sie sich entsprechend Ihren Anliegen.

Zunächst ein allgemein gehaltenes Beispiel – sagen Sie sich: Ich strebe nach dem Besseren. Wer sich im Geiste bereits gesund und in einer höheren Position sieht, wer ständig höheren Idealen und Zielen zustrebt, der findet sich eines Tages dort, wo seine Gedanken ihm bereits den ihm gebührenden Platz bereitet haben. Das gilt auch für mich.

Aus »Luftschlössern« entstehen die Paläste der Erde. Ihre zuversichtliche Geisteshaltung und gezieltes Denken führen die Ihren Zielvorstellungen entsprechenden Verhältnisse herbei. Die Verwirklichung eines jeden Unternehmens beginnt in der Vorstellung, in der Phantasie.

Keine Angst, das höhere Ziel zu erreichen! Weg mit Gedanken des Zweifels! Das sind die Bleiklötze, die nicht hochkommen lassen. Sagen Sie sich: Doch, ich werde meine Stellung verbessern. Ich sehe die bessere Stellung vor mir. Ich ergreife die Chance, sobald die kraft gezielten positiven Denkens herbeigezogene Gelegenheit sich zeigt.

Keine Angst vor größeren Aufgaben! Sagen Sie sich: Ich werde es leisten. Ich schaffe es. Größere Verantwortung wird meine Fähigkeiten wachsen lassen, mein Vorankommen beschleunigen. Ich scheue nicht vor ihr zurück, denn ich bleibe nicht der schlechtbezahlte Handlanger jener, die sich entschieden und mutig an neue Aufgaben heranwagen. Über mögliche Schwierigkeiten zu grübeln, vorab unüberwindliche Hindernisse zu befürchten, das ist der sicherste Weg zum Mißerfolg, zum Scheitern – nein! Ich nutze meine Kraft für den lohnenden Einsatz, der mich ans Ziel führt.

Höhere Verantwortung muß übrigens nicht mit mehr Schwierigkeiten, Sorgen, Ärger und Mühen verbunden sein. Wer die Fähigkeit, sich auf seine jeweilige Arbeit zu konzentrieren, beherrscht, kann ohne Mehrarbeit das Dreifache leisten. Er vervielfacht seine Kraft, indem sein ganzes Denken und Wollen jeweils nur auf das, was er gerade tut, gerichtet sind. Sagen Sie sich: Ich strebe bewußt und konzentriert nach dem Besseren. Ich fühle diese Denkweise in mir wachsen.

Erarbeiten Sie sich eine ähnliche, für Ihre Anliegen passende Konzeption und sagen Sie sich das jeden Abend vor dem Einschlafen. Oder wenn Ihnen dieser Vorschlag gefällt, dann schreiben Sie Ihren Vorsatz auf und lesen Sie ihn täglich so lange, bis Sie es nicht mehr nötig haben, weil er Teil Ihrer Lebenseinstellung geworden ist. Psychologie und Parapsychologie haben klargestellt, daß die Aktivität des Gehirns, die bewußt als Denken abläuft, auch auf unbewußter Ebene weitergeht, und zwar automatisch, ob wir das wissen oder nicht. Das ist keine Utopie. Dem liegt, wie die Forschungen bewiesen, eine Wahrheit zugrunde, die heute unbestritten ist. Wer sich den neuentdeckten Tatsachen öffnet, wird erkennen, daß es nur seine langeingeschliffenen negativen Denkgewohnheiten sind, die ihn einengen und begrenzen.

Eingefleischte Pessimisten, zumal unwillige, ungeduldige, uneinsichtige, können natürlich nicht von einem Tag auf den andern umdenken. Und doch können auch sie sich ändern. Die Fähigkeit zum Leben ja zu sagen, ist in jedem Menschen als Anlage vorhanden. Sie muß nur geweckt werden. Jeder Mensch hat die Möglichkeit, einer von den Erfolgreichen und Glücklichen der Zukunft zu sein.

Vor Jahren habe ich in meiner Verwandtschaft eine Krankengeschichte verfolgt. Im Krankenhaus wurde den Kindern dieser Patientin, die an einem Karzinom litt, gesagt, sie möchten die Mutter zum Sterben nach Hause nehmen; sie habe höchstens noch zwei bis drei Wochen zu leben. Die Kinder wollten der Mutter diese Zeit noch verschönen und holten sie in ihre gewohnte Umgebung. Die kranke Frau hatte den innigen Wunsch, noch die Geburt und Taufe ihres ersten Enkels zu erleben . . . Ihr nächstes Verlangen war, die erste heilige Kommunion des Enkels zu erleben, und danach wünschte sie sich, das neue Haus des Sohnes zu sehen. Sie lebte noch zwölf Jahre und keinesfalls bettlägerig, bis sie dann an dem alten Leiden starb.

Das Herausreißen aus dem Tief ist nur der halbe Weg, ihm folgt noch das Hinaufziehen in die Zuversicht.

Um mir den Sinngehalt vom positiven Denken klarzumachen, erzählte mir mein indischer Lehrer folgende Geschichte: Das Land hatte lange Zeit keinen Regen. Die Flüsse waren ausgetrocknet, die Erde war aufgerissen, die Saat drohte zu verderben. Die Einwohner des Dorfes wurden wegen dieser Sorge zum Gottesdienst gerufen. Man wollte um Regen beten. Und – ein Kind nahm seinen Regenschirm mit.

Intuitiv hatte dieses Kind genau die richtige Geisteseinstellung. Das ist es, was diese Erzählung besagt. Aber wir Erwachsenen, die wir so vieles über Schwierigkeiten und Gefahren wissen, wir müssen dieses bedingungslose Zuversichtlichsein erst wieder lernen.

Ich erinnere mich an einen Spaziergang mit Bekannten in der schönsten Wohngegend unseres Ortes. Wir sprachen darüber, wie herrlich es ist, hier zu wohnen. Aber zugleich wurde erwähnt, daß diese Häuser alle in Familienbesitz seien und daß es, würde einmal eines von ihnen frei, unwahrscheinlich wäre, daß ausgerechnet wir davon erfahren würden. Ich sagte damals: »Aber bei Gott ist kein Ding unmöglich.« Drei Jahre später wohnte ich in dieser Straße.

Wer in einer kleinen Wohnung lebt mit einem winzigen Balkon, auf dem die Wäsche zum Trocknen hängt, wer den Blick auf Eisenbahngleise und den Lärm einer Autostraße aushalten muß und sich da zu Hause und wohl fühlt, für den ist die Welt in Ordnung und kein Grund zur Änderung gegeben.

Wohnen Sie so und sind Sie aber nicht zufrieden, dann sollten Sie umziehen. – Sie fragen mich wohin? Nun, dorthin, wo es Ihnen gefällt. Das sei nicht durchführbar, finde man nicht, sei zu teuer? Irrtum! Haben Sie den Mut und erdenken sich ein schönes, für Sie rundweg passendes Heim. Sehen Sie sich darin wohnen und halten Sie danach Ausschau. Ihre Suche wird nicht lange dauern.

Jeder, der sein Ziel erreichte, wird bestätigen, daß zunächst eines Tages die Idee in ihm auftauchte und er diese dann in die Tat umsetzte. *Den Mut muß man haben, neu zu denken, anders und groß!*

Für alle, die mathematische Klarheit lieben, hier – als ein Abstecher in die »Algebra des Geistes« – drei unübliche, aber richtige Gleichungen zur Auswahl. Für welche entscheiden Sie sich?

o Gedanke (Idee, Wunsch) + Tat = Ergebnis
o Positiver Gedanke   + kraftvolle Tat = sicheres Ergebnis
o Guter positiver Gedanke + einsatzfreudige kraftvolle Tat = sicheres gutes Ergebnis

Die Geschichte ist voll von Beispielen berühmter Männer und Frauen, die Ideen verwirklichten, die die anderen für unmöglich oder unrealisierbar hielten. Ihr ganzes Denken war voller Überzeugung und Initiative auf ihre Idee gerichtet.

Durch Zufall entdeckte ich in einem ärmlichen Walliser Dorf das kleine Holzhaus, in dem Cäsar Ritz geboren worden war. Der Junge aus der Holzhütte baute später die schönsten Hotels der Welt, wo Könige und die Ersten der Zeitgeschichte seine Gäste waren. Bevor aber die Luxushotels in Paris, an der Côte d'Azur und den herrlichsten Plätzen der Welt standen, hatten sie, wie er bekannte, bereits in seiner Vorstellung existiert.

Bauern waren die Vorfahren von Jakob Fugger, sein Vater

war Weber gewesen. Er begann mit seinem Bruder einen Handel für fertige Webwaren und weitete ihn aus in alle Länder der Christenheit. Seine Planwagen fuhren nach Frankreich, Ungarn, Skandinavien und Rußland, und es waren bald nicht mehr nur Stoffe, die gehandelt wurden. Jakob Fugger wurde der reichste Mann seiner Zeit, die Fugger wurden die Bankiers der Fürsten und Könige ganz Europas, der Kaiser und Päpste. Jakob Fugger stiftete in Augsburg ein großzügiges soziales Hilfswerk. Er baute – zu Anfang des sechzehnten Jahrhunderts! – die erste Sozialsiedlung mit 106 Häusern, Kirche, Schule und Krankenhaus.

Ebenso beeindruckend ist die Lebensgeschichte von THOMAS ALVA EDISON. Er ist der größte Erfinder Amerikas. Doch insgesamt soll er nur drei Monate eine Schule besucht haben. Die Lehrerin hielt den Jungen für zurückgeblieben und verlangte, daß die Mutter ihn aus der Schule nahm mit dem Hinweis, die anderen Kinder würden ihn hänseln, und das störe den Unterricht. Die Mutter, eine fromme Quäkersfrau, war aber fest davon überzeugt, daß ihr Sohn Anteil am Göttlichen und somit an Gottes Weisheit und Ideen habe. Auf dieser Grundlage wuchs der Sohn auf, der sich als junger Mann ein umfassendes Wissen selbst erarbeitete. Schon als Knabe hatte er sich ein eigenes Laboratorium eingerichtet und es mit dem Geld finanziert, das er als Zeitungsbote verdiente.

Wohl von seiner Mutter hatte er die positive Grundeinstellung. Von ihm ist bekannt, daß er nach vielen gescheiterten Versuchen im Zuge der Arbeit an einem neuen Projekt seine Mitarbeiter tröstete und ermunterte, indem er erklärte:»Das ist doch kein Mißerfolg! Wir sind auf dem Weg zum Erfolg ein gutes Stück weitergekommen. Wir sind nahe der Lösung, denn wir wissen fast alles darüber, wie es nicht möglich ist.«

Führen Sie Ihre Kinder auf den richtigen Weg. Hat Ihr Kind

einen Plan, eine Idee, eine Hoffnung, dann bejahen Sie das. Nicht im voraus die Gefahren ausmalen, die Schwierigkeiten aufzählen! Wenn die Probleme da sind, dann ist es früh genug mitzuhelfen, sie zu überwinden.

Wer mit seinem Schicksal fertig werden will, darf nicht auf die Hilfe von außen warten. Wir müssen uns die eigene seelisch-geistige Selbstregulation erarbeiten. Eine Patientin, die das erkannte und dann gesund wurde, sah sich später sehr deutlich und realistisch. Sie sagte mir:»Ich lief wegen meiner Depressionen von bekannten Professoren bis zu Wunderheilern und bettelte um Hilfe. Auch hoffte ich auf die Wunderpille. Bis mir bewußt wurde, daß ich mich nur auf mich selbst verlassen kann. Heute bin ich zuversichtlich und gesund, obwohl sich mein schweres Schicksal nicht geändert hat.«

Können Sie sich vom Erfolg eines Vorhabens nicht überzeugen, kommen immer wieder gegenteilige Gedanken auf und bringen alle Bemühungen wirklich keine Früchte, dann sollten Sie diese Angelegenheit nochmals sachlich durchdenken und wahrscheinlich fallenlassen. Erkennen Sie Ihren Plan als unablässig und unwillkürlich mit Gedanken des Zweifels behaftet, so nehmen Sie das als Zeichen, daß das Angestrebte nicht für Sie passend und erfolgreich sein wird. Hier besteht das positive Denken im Aufgeben, *damit die Energie auf ein neues Ziel gerichtet werden kann.*

Die optimistische Grundlage Ihres Denkens muß so ausgebaut und so gesichert werden, daß negative Einflüsse ausgeschaltet sind. Das bedeutet, daß Sie sich distanzieren von Bekannten, Freunden und Verwandten, die an allem zweifeln, die ihren Ansichten oder Handlungen nach destruktiv oder neidisch sind. Sie bringen eine schlechte Gedankensaat in Ihren eigenen Lebensraum. Natürlich können Sie sich nicht von allen Menschen, die so sind, zurückziehen, sei es im Kreis

Ihres Berufslebens, sei es im Kreis Ihrer Familie. In einem solchen Fall muß die eigene Kraft Ihres Denkens so stark werden, daß sie negative Suggestionen, die von anderen kommen, auflöst.

Ihre eigene geistige Kraft wird zu einer Art Schutzwall. Auf der Grundlage soliden positiven Denkens Ihrerseits können Negativsuggestionen oder Angriffe Dritter Ihnen nicht schaden, Sie nicht schwächen. Dabei brauchen diese nicht einmal böse gemeint zu sein. Der destruktive Einfluß mag einfach der Ausdruck eines ängstlichen Menschen sein. Doch er ist gefährlich, denn *negative Gedanken haben ihre negative Wirkung.*

Die Lehrer des neuen geistigen Bewußtseins weisen immer wieder darauf hin, daß man seine Zukunftspläne und Ideen niemandem mitteilen, höchstens mit den unmittelbar Beteiligten besprechen soll; andernfalls komme zuviel Störendes auf. Tatsächlich schafft Redseligkeit meistens nur Probleme, oder sie macht, im schlimmsten Fall, alles zunichte.

Störungsursachen im Körper, die zur Krankheit führen, entstehen zumeist nicht nur aufgrund der eigenen seelisch-geistigen Unordnung oder aufgrund großer Belastungen. Andere Menschen können uns schaden infolge ihres »kränkenden« Geredes, ihres Benehmens oder sogar schon aufgrund ihres Denkens, wenn wir nicht stark genug sind, es abzuwehren.

Über Krankheiten sollte man möglichst wenig sprechen. Ist jemand krank, so können die Familienmitglieder und die Menschen der näheren Umgebung mit positivem Denken viel mehr zur Genesung beitragen als mit endlosen Erörterungen, die ja meist doch nur – als ein Ausfluß destruktiven negativen Denkens – auf die Äußerung schlimmster Befürchtungen oder quälende Lamentationen hinauslaufen. Positiv denken heißt in diesem Zusammenhang, die Heilung intensiv zu wünschen und von ihrem Eintritt zutiefst überzeugt zu sein. Solches Denken beeinflußt günstig nicht nur direkt die Körperzellen, sondern es erzeugt auch die *Grundlage für die seelisch-geistig vorweggenommene Heilung.* Das positive Denken schafft Brücken zum Guten – und sei es vielleicht nur in der Form, daß es den Kranken zu dem für ihn einmaligen Arzt führt, der die richtige Diagnose stellt und eine gesundmachende Therapie kennt und anwendet.

Das heißt nicht, daß wir vor jedem Leid bewahrt bleiben. Jeder von uns macht enttäuschende, macht erschütternde Erfahrungen. Aber selbst ein leidvolles Erlebnis ist von Nutzen, denn es bringt uns Erfahrung, und jede Erfahrung ist wertvoll. Aus der Erfahrung lernen wir, wachsen wir. Es gibt, wie wir alle wissen, genug Menschen, die aus der Leiderfahrung über sich selbst hinausgewachsen sind. So sind auch Kummer und Leid Erfahrungs*werte.* Das aus der Tiefe seines Bewußtseins zu begreifen, versöhnt uns mit dem Leben und gibt uns die Kraft, unsere Zukunft mutig und zuversichtlich anzuvisieren und neu zu gestalten.

Es gibt so viele ängstliche, stets zweifelnde Menschen – warum beginnen sie nicht ein neues Leben mit Hilfe der einfachen, aber wirksamen Methoden, die uns zur Verfügung stehen? Weil sie sie nicht kennen! *Sie* können das nicht mehr sagen. Ändern Sie also Ihr Leben – ab sofort, für immer!

Als eine gute Übung hat sich bewährt, sich während einiger Tage bewußt Rechenschaft zu geben, was man denkt und sagt, und demselben Inhalt unter einem positiven Aspekt Ausdruck zu verleihen: *Jeden negativen Gedanken, jeden negativen Satz auf der Zunge, sobald er bewußt wird, umwandeln in eine positive Formulierung!* Mit ein wenig Selbstkontrolle geht das ganz gut. Zu Beginn sind es nur in Gedanken oder Worten zuversichtlich klingende Äußerlichkeiten, doch allmählich gewinnen die positiven Formulierungen Inhalt in die Tiefe und echte Bedeutung; schließlich sind sie von Überzeugung erfüllt. Die Wirkung geht aus vom reinen Intellekt, gelangt dann aber in die Tiefe des Bewußtseins und dann sogar des Gefühls.

Kennen Sie die bezeichnende Erklärung des Unterschiedes zwischen einem Pessimisten und einem Optimisten? Der Pessimist sagt:»Dieses Glas ist schon halb leer«, der Optimist hingegen:»Dieses Glas ist noch halb voll.« Die Einstellung – und das heißt der Zukunftsaspekt – der beiden ist unterschiedlich: Der eine hat nur noch wenig zu trinken, der andere noch viel – obgleich es ein und dieselbe Hälfte im Glas ist!

Anhand dieses Beispiels läßt sich sehr gut die Zukunftsträchtigkeit unseres Gegenwartsdenkens erkennen. Was wir heute denken, erfüllt sich morgen. Präziser: *Was wir tagtäglich denken, erfüllt sich in der Zukunft.*

Wer zum Beispiel an einem Montagmorgen zum Arbeitsplatz kommt und gerade wehleidig äußern möchte:»Jetzt muß ich einmal mehr in dieses ›Fünf-Tage-Rennen‹«, der sollte den Satz schnell umdrehen und zu den Kollegen sagen:»Schön, nur sportlich ran an das Fünf-Tage-Rennen!« Seien Sie ehrlich: Wie stünde es um Sie, wenn Sie nicht arbeiten dürften oder nicht arbeiten könnten? Aber davon abgesehen: Mit einer optimistischen Einstellung fällt Ihnen auch das Beschwerliche an Ihrer Arbeit nur halb so schwer.

Die Technik, richtig zu denken, kann jedermann sich aneignen. Immer wieder werden einem auch Hilfsmittel in den Weg geführt. Solche Hilfsmittel gilt es zu erkennen, zu erfassen, zu nutzen. Zum Beispiel las ich die Geschichte eines Maharadschas, der die Weisen seines Landes zusammengerufen hatte, um ihnen eine Aufgabe zu stellen. Sie sollten einen Satz finden, der so kurz ist, daß er in einen Ring graviert werden kann und auf jede Situation im Leben paßt, zu Freude wie auch zu Leid.

Die Weisen besprachen sich, und einer fand die Lösung: »*Auch dies geht vorüber.*«

Dieser unscheinbare Leitsatz wurde mir zu einer großen Stütze. In Kurzschrift steht er heute in meinem Ring. Wie oft habe ich in schwierigen Augenblicken daran gedacht und wie oft hat dies mir geholfen, anstrengende Situationen durchzustehen!

Wie mir eine Patientin erzählte, hörte sie eines Morgens im Radio ein Wort von GOETHE. Sie erkannte es als ihr Hilfsmittel: »Nicht Wünschelrute noch Alraune – das Beste ist die gute Laune.« Vom selben Tag an sagte sie es sich jeden Morgen zehnmal vor. Begeistert sagte sie mir: ». . . und ich bin ein ganz anderer Mensch geworden.«

Auf dem Boden einer zuversichtlichen Grundeinstellung führen geeignete denktechnische Übungen rasch zu sichtbarem Erfolg. Für jedes angestrebte Ziel gilt dieselbe Methode, ob Sie nun Gesundheit, berufliches Vorwärtskommen, die Entwicklung der eigenen Persönlichkeit oder harmonisierende Beeinflussung der Mitmenschen anstreben.

Praktische Übungen

Das angestrebte Ziel ist in eine Formel zu bringen. Diese soll möglichst kurz sein. Machen Sie nicht zu viele Sätze; aber in jedem Satz soll möglichst viel Inhalt sein. Beachten Sie den Rhythmus und Klang, damit Ihr Leitsatz leicht zu wiederholen ist. Die Versform ist sehr geeignet. Ein Kunstwerk muß es nicht sein, es ist ja nur für den Eigengebrauch bestimmt.

Diesen Leitspruch lernen Sie auswendig und wiederholen ihn immer wieder, insbesondere vor dem Einschlafen, aber auch beim Spaziergang, im Auto, während des Geschirrspülens – einfach immer dann, wenn er Ihnen in den Kopf kommt. Ihr Leitsatz soll ein »Ohrwurm« werden (in Bayern ist das die Bezeichnung für ein Lied, das einem immer wieder in den Sinn kommt). Denken Sie ihn in Zeiten, in denen Sie sich wohlfühlen. So eignen Sie sich Vertrauen und Sicherheit an und gewinnen sozusagen einen Vorsprung für Notlagen: Um so leichter ist er Ihnen gegenwärtig in den Augenblicken, in denen Sie Ihren Leitsatz zur sofortigen Stütze benötigen.

Daß wir uns auf derartige denktechnische Formeln stützen, hat seinen guten Grund. Zunächst einmal muß Ihnen die Möglichkeit des Funktionierens des früher beschriebenen Wirkungsmechanismus vernünftigerweise einleuchten. Und sodann werden Sie erleben, wie der geistige Gehalt sich in Ihrem Bewußtsein verankert, abträgliche Emotionen auflöst und Ihnen im ganzen eine neue Stimmung einbringt. Eines Tages ist das, was Sie sich mit einer Denkformel angeeignet haben, nicht mehr außerhalb Ihrer Persönlichkeit, sondern inwendige Realität. Es gehört zu Ihrem Wesen und findet in der Erfüllung Ihres Anliegens im Leben Ausdruck. Dann braucht man dieses Leitmotiv nicht mehr zu denken, weil man es leben kann, weil man es lebt.

Nachstehend finden Sie einige *Beispiele formelhafter Leitsätze:*

o Energie durchströmt meinen ganzen Körper. Ich fühle mich stark und stärker.

o Mein Gedächtnis ist gut, und mir kommen neue Ideen in Fülle.

o Die richtige und vollkommene Lösung ist für mich bereit, ich finde sie.

o Autofahren, sicher und gewandt.

o Ich spreche klar, freundlich und frei.

o Die Kraft des Guten ist in mir mächtig . . . (Hier knüpfen Sie
   an, was für Sie zweckmäßig ist).
o Ich finde Kraft, Ausdauer, Ruhe, Heiterkeit.
o Ich habe Vertrauen. Wir sind ein ideales Paar.
o Ich bin frei von Ärger. Mein Magen ist gesund.
o Ich bin gegen Eifersucht gefeit. Ich wünsche ihr (ihm) alles
   Gute.
o Satt und zufrieden. (Während einer Fastenkur.)
o Mein Einkommen wird sich jetzt rasch, stetig und substan-
   tiell vermehren.

Es ist wünschenswert, daß wir uns auch in materieller Hinsicht
positiv einstellen. Das ist durchaus nichts Minderwertiges.
Materielle Güter verschönen und erleichtern uns und unserer
Umgebung das Leben, wenn wir in rechter Weise damit
umgehen.

Für diejenigen, die sich einer religiösen Einstellung verbunden fühlen, seien die nachstehenden Beispiele genannt:
o Ich bin ein Gedanke im göttlichen Bewußtsein. Gott führt
   mich jetzt zu den rechten Menschen, zum rechten Geschehen,
   an meinen rechten Platz.
o Gottes Kraft, an der ich kraft Geistes Anteil habe, wird sich
   durch mich äußern. Ich bin gesund. Ich meistere meine Aufgaben.

In aufregenden und belastenden Situationen wirken simple,
kurze Formeln als »Streßbrecher« geradezu Wunder. Zum
Beispiel:
o Eins nach dem anderen. (In Zeitnot.)
o Ich schaffe es. (In Schwächephasen.)
o Ganz ruhig, tief atmen. (Im Ärger.)

Diese und ähnliche Denkkontrollen sollten Sie durch Übung in
den Griff bekommen, damit Sie sie beherrschen, wenn es nötig
ist.

Wenn Sie sich nun eine Denkformel zurechtlegen, dann achten Sie darauf, daß Sie eine absolut positive Ausdrucksform wählen. Niemals: Ich bin nicht krank. Sondern: Ich bin gesund. Positiv denken heißt, nicht zu zweifeln. Sie werden allem Störenden gar nicht die Tür öffnen, das Ersehnte jedoch schon als Tatsache aus der Zukunft in die Gegenwart holen. Daher nicht: Ich werde gesund sein – einmal, irgendwann, vielleicht, eventuell . . . Nein, nicht so! Sondern: Ich bin gesund. Ich schaffe es. – Jetzt!

Gedanken sind schöpferisch. Sie müssen heute die gewünschte Tatsache als gegeben denken, dann ist sie morgen Wirklichkeit.

Nach der Übung zur Tiefenentspannung, die unter anderen die Formel »Alle inneren Funktionen sind in Ordnung« enthält, fragte mich einer der Übungsteilnehmer: »Wie soll ich das denken? Ich weiß, daß meine Leber nicht richtig arbeitet.«

Das ist die Hürde. Die meisten Menschen denken in einem solchen Fall nur an den geschädigten Teil der Leber, anstatt den gesunden in ihrem Bewußtsein zu haben und durch ihr positives Denken die Heilung des ganzen Organs herbeizuführen. *Das Krankheitsdenken muß dem Gesundheitsbewußtsein weichen.* Damit eröffnen sich für die Krankenbehandlung wie auch für die Selbstheilung ungeahnte neue Möglichkeiten.

Nachdem wir wissen, daß ein Großteil aller Krankheiten auf seelisch-geistige Ursachen zurückzuführen ist, sollte uns die Erkenntnis nicht schwerfallen, daß derselbe Großteil aller Krankheiten mit rein seelisch-geistiger »Medizin« auch zu heilen ist. Die beste »Medizin« für Gesunde und Kranke und darüber hinaus nicht nur ein Gesundheitselixier, sondern auch *das* Rezept für Glück und Erfolg ist positives Denken, das wir mit Hilfe gezielter denktechnischer Übungen in unserem Leben zur Geltung bringen können. Haben Sie mit den Übungen schon angefangen? Lesen Sie nicht einfach über diesen Abschnitt hinweg. Beginnen Sie mit Ihren Übungen – jetzt gleich!

ZUM GELEIT:

Lassen Sie sich nicht einengen durch alte Denkgewohnheiten. Öffnen Sie sich für die Unbegrenztheit der Möglichkeiten, die in jedem Menschen schlummern. Wenden Sie die »Zauberformel Gedankenkraft« im Alltag Ihres Lebens an.

5. Die Methode des Yoga-Nidra

Um aus dieser ursprünglich in Indien entwickelten Methode Gewinn zu ziehen, genügt es, wenn Sie täglich zehn Minuten die einfachen Übungen des Yoga-Nidra machen.

Doch vielleicht stört Sie der Name »Yoga«? Ich kann Sie beruhigen: Dieselbe Methode habe ich in Deutschland unter dem Schlagwort »kognitives Suggestionstraining« wiedererkannt. Im Zustand der Entspannung werden inhaltlich definierte Ziele eingegeben, vorgestellt, gedacht. Das sind »kognitive Strukturen«. (Kognition ist ein aus dem Lateinischen stammendes Wort für Erkenntnis, Wissen.) Mir ist nicht bekannt, wer dieses Wort ausgegraben hat, um eine Sache interessant zu machen, die viel harmloser und selbstverständlicher als das hochgestochene Wort ist. Einfach ausgedrückt kann man sagen: Nehmen Sie sich einige Minuten Zeit zur Ruhe und bauen Sie sich Ihr Wunschgebäude.

Die Erkenntnis einer Sache, eines Sachverhaltes oder eines

Zusammenhangs ist die Voraussetzung dafür, daß ein Entschluß gefaßt werden kann. Dieser Entschluß bekommt seine Form (die »kognitive Struktur«); im autogenen Training heißt das die »Vorsatzformel«, in dem uralten Yoga das »Sankalpa«. Die in Worte gefaßte Vorsatzformel beinhaltet das Angestrebte. Das Angestrebte wird gleichzeitig in anschaulicher Weise vor dem geistigen Auge aufgezeichnet. So wie bei der Konzentrationsübung ein Bild rekonstruiert wird, wird hier eine Zukunftsvision konstruiert. Die trainierte Vorstellungskraft macht es möglich, das Ziel in sich zu bilden – sich »davon ein Bild zu machen«, es sich »einzubilden«, das heißt konstruktiv, plastisch und farbig zu denken! Oft geht der Mißerfolg eines Entschlusses – der ja immer eine Vorwegnahme von Zukünftigem ist – darauf zurück, daß der »Ideenprojektor« nicht scharf genug eingestellt war. Denn die Wirkung ist entsprechend der Genauigkeit und Intensität der Vorstellungskraft (»Idee« heißt griechisch das Bild).

Machen Sie sich vorher einen Plan. Das Beste ist, Sie tun es schriftlich und systematisch, gleichermaßen für ein berufliches wie für ein privat-persönliches Ziel. Es empfiehlt sich, wie folgt vorzugehen:

1. Alles notieren, was Sie haben möchten, was Sie zu erreichen wünschen.

2. Die Wünsche nach Wichtigkeit aussortieren und sich Klarheit verschaffen über das erste anzustrebende Ziel.

3. Alles niederschreiben, was Sie bereits können und was Sie sich zutrauen, sich aneignen zu können.

4. Wiederum aussortieren, was zur Erreichung Ihres Ziels hilfreich, aber noch zu erwerben ist, und alles, was möglich ist, in die Wege leiten: Kontakte knüpfen, lernen usw.

5. Immer wachsam sein im Hinblick auf den Vorsatz, Ihr Ziel bewußt verfolgen, sich am Ziel angelangt sehen – sich davon

ein Bild machen – und sich freuen, daß Sie (im Geiste) Ihr Ziel erreicht haben.

Wer so systematisch vorgeht, wird nicht in den Fehler verfallen, sich durch Phantastereien zu überfordern, so daß der Höhenflug zu einer Bruchlandung führen müßte. Was wir uns vornehmen, sollte hochgesteckt sein, muß aber im Rahmen des Möglichen liegen. Sehen Sie sich selbst, wie in einem Film, gesund, vital, zuversichtlich und freudig auf Ihr Ziel zugehen und dort ankommen. Sehen Sie es bildhaft, plastisch, farbig vor sich.

So wird das Angestrebte erreicht. Inzwischen aber haben sich Ausblicke und Wege zu anderen noch höheren Zielen ergeben, und eines Tages sind wir geworden, was zu sein wir vor Jahren nicht in unseren kühnsten Träumen zu hoffen wagten. Jedes erreichte Ziel wird Ausgangspunkt zu einem neuen.

Natürlich ist es möglich, daß trotz zuversichtlicher Grundeinstellung, trotz großen Bemühens und gezielten Denkens nicht alles reibungslos abläuft. Es kann sogar etwas eintreten, das wir als Unglück empfinden. Dann müssen wir uns vor Augen halten: Ein Unglück kann den Samen zu einem Besseren in sich tragen. Wie oft erkennt man zurückblickend, daß ein sogenanntes Unglück der Anstoß und Wendepunkt zum Glück im beruflichen oder privaten Bereich war!

Sehr oft sind gerade erschwerende Umstände oder sogar einschneidende Zwischenfälle nützliche Antriebe auf unserem Weg zu unserem selbstgesteckten Ziel. Wichtig ist, daß wir uns nie irritieren lassen. »Auch dies geht vorüber.« Immer gilt es, mit Zuversicht und Ausdauer nach vorwärts zu leben. Dieser Weg führt über alle Hürden ans Ziel.

Jeder wird das, was er denkt. Sehen Sie Ihr Werk, Ihre erfüllte Aufgabe, Ihr Glück vor sich. Wer immer sein Ziel erreichte, sah es vorher vor seinem inneren Auge und sich an diesem Ziel angelangt. *Ihr Gegenwartsdenken gestaltet Ihre*

Zukunft. Deswegen müssen Sie lernen, das Gute der Zukunft durch Ihr Denken in der Gegenwart vorwegzunehmen. Nichts kann Wirklichkeit werden, was nicht vorweggenommen zuvor im Geiste existiert hat, sei's eine Persönlichkeit, ein Haus, sei's Gesundheit oder Reichtum. Der Geist ist unbegrenzt. Kraft Geistes können wir viel mehr verwirklichen, als wir ahnen.

Praktische Übung des Yoga-Nidra

Die Übung des Yoga-Nidra stellt eine Vereinigung der drei bereits beschriebenen Übungen und deren Erweiterung dar. Im wesentlichen folgen wir dem Ihnen bereits bekannten Übungsschema mit nur geringen Abweichungen:

1. Tiefenentspannung.
2. Dreimal die Formel denken (Sankalpa).
3. Loslassen (schöpferische Ruhepause).
4. Einmal die Formel durchdenken.
5. Zurücknehmen.

Die Wirksamkeit der Übung des Yoga-Nidra beruht auf geistigen Gesetzmäßigkeiten und seelischen Mechanismen, die man schlechthin als unfehlbar bezeichnen kann, wobei sie allerdings von der Konzentrations- *und Hingabefähigkeit* des Übenden abhängt. Konkret läuft die Übung wie folgt ab:

o Sie legen oder setzen sich hin und versetzen sich in den Zustand der Tiefenentspannung, allerdings mit einer Bewußtseinsausrichtung, wie sie in der Konzentrationsübung beschrieben wurde. Von früheren Übungen her kennen Sie bereits das angenehme Gefühl, entspannt zu sein. Jetzt denken Sie langsam und konzentriert an Ihre Vorsatzformel. Zum Beispiel: Ich führe in der Firma eine Rationalisierung durch. Oder: Ich erreiche das Klassenziel. (Oder was immer das von Ihnen angestrebte Ziel ist.)

o Nun malen Sie sich in Ihrer Vorstellung ein genaues Bild aus von dem, was Sie erreichen wollen. Sehen Sie (wenn wir hier bei den angegebenen Beispielen anknüpfen), wie der Firmenchef Ihnen vor versammelter Belegschaft zu den erfolgreich durchgeführten Rationalisierungsmaßnahmen gratuliert; oder sehen Sie, wie Sie Ihr Abschlußzeugnis voll Freude und Stolz den Eltern vorzeigen.

o Dann »loslassen«! Sie machen eine Art schöpferischer Ruhepause. Das nun ist das Besondere am Yoga-Nidra: Sie lassen jetzt das Formelbild los, Sie setzen es frei und überlassen Ihr ganzes Denken und Fühlen der Vorstellung des Vollkommenen, des alles Umfassenden, des auch aller Menschen Zukunft umfassenden Ganzen. Sie überantworten sich auf diese Weise vertrauensvoll der absoluten Ordnung und Harmonie des Geistes kosmischer Dimension. Sie durchleben zugleich ein Wollen und ein Geschehenlassen. Dabei können bestimmte Vorstellungen hilfreich sein, nämlich all jene, die die Unendlichkeit versinnbildlichen. Beispiele: Ziehende Wolken, Sandberge in der Wüste, Wellen des Ozeans, Baumwipfel im Wind, endlos fallender Regen, schneebedeckte Berge. Im Zuge solcher Vorstellungen bleiben Sie sich aber bewußt, daß Sie eine Bestimmung in dieser Unendlichkeit haben.

o Bevor Sie dann die Übung beenden, wiederholen Sie nochmals Ihre Vorsatzformel in der tiefen Überzeugung und in bedingungslosem Vertrauen auf die Verwirklichung Ihres Vorsatzes.

o Dann machen Sie eine Pause . . . Nun werden Sie sich wieder Ihres Körpers bewußt; Sie atmen langsam und tief, dehnen sich und spüren den Körper von den Fußspitzen bis zur Kopfhaut, bis zu den Fingerspitzen. Dann öffnen Sie die Augen und kehren zurück zu Ihren Alltagspflichten.

Sie brauchen sich um Ihren Wunsch oder Ihr Anliegen gar nicht mehr zu kümmern. Sie haben eine Gedankensaat ausgestreut und können gewiß sein, daß sie keimt und wächst.

Eine zusätzliche einfache Technik hat großen Trainingswert und ist gleichzeitig eine Kontrolle, ob und wie weit sich der Übende von dem ständig agilen Ich lösen und seinem individuellen Selbst anvertrauen kann.

Schauen Sie zu Beginn der Übung auf die Uhr. Bestimmen Sie eine minutengenaue Zeit, zu der Sie die Übung beenden werden. Damit wird der Zeitpunkt sozusagen im Bewußtsein programmiert. Nun kümmern Sie sich nicht mehr darum und beginnen mit Ihrer Übung. Wenn Sie das dringende Bedürfnis verspüren, die Übung zu beenden, dann öffnen Sie die Augen. Schauen Sie auf die Uhr. Ist es genau der von Ihnen festgelegte Zeitpunkt, dann können Sie sicher sein, sich gut gelöst zu haben, so gut, daß Sie in Verbindung mit Ihrem Selbst, Ihrer eigentlichen Identität und Ihrem Antriebszentrum standen und Ihr Unterbewußtsein geprägt haben. Ihr Unterbewußtsein ist immer gegenwärtig, allwissend und schöpferisch. Der laute Alltag nur übertönt es.

Wählen Sie irgendeine beliebige, des öfteren verschieden lange Zeit. Sie werden bald beobachten, wie Ihr eigenes Unterbewußtsein Sie in genau der richtigen Minute anspricht.

LEITSATZ:

Yoga-Nidra führt mich zu meinem Selbst und den unendlichen Kraftquellen des Geistes, der schöpferisch meine Zukunft gestaltet.

6. Die Mantratechnik

In jeder geistigen Disziplin hat das »Loslassen« eine derart zentrale und entscheidende Bedeutung, daß für jeden Menschen einmal der Zeitpunkt kommt, es zu lernen. Ohne Loslassen können die angestoßenen Verwirklichungskräfte nicht tätig werden. Dem Loslassen dienen im Yoga-Nidra die Ruhepausen nach der Motivsetzung. Im folgenden Abschnitt über das Gebet findet sich das selbe Prinzip.

Wer positiv denken kann, weckt konsequent schöpferische Kräfte, die zur Verwirklichung drängen; er zweifelt nicht, daß seine Saat zur rechten Zeit aufgeht. Aber er wartet auch ab, macht gleichsam schöpferische Pausen und sorgt somit für die zur Entwicklung und Reifung seiner Saat nötige Ruhe.

Das Loslassen im Alltagsleben ist beim Wirkungsmechanismus des positiven Denkens ein wichtiger Vorgang. Eine sehr wirkungsvolle Technik ist in diesem Zusammenhang jene des Mantras. Das Sanskritwort »Mantra« bezeichnet ein Wort, einen Spruch, eine Anbetungsformel. Das kürzeste Mantra ist die Silbe Om. Es steht, wie bereits gesagt, für den Begriff Gottes, so wie unser Amen. (*Offenbarung* Kapitel 3, Vers 14: »Das sagt, der Amen heißt . . .«) Es wird in ständiger Wiederholung gedacht, gesprochen oder gesungen.

Ich hatte während meiner Studien in Indien einmal die Aufgabe, mit dem Mantra «Om nama Shiva« zu üben. Es bedeutet soviel wie: Ich grüße dich, Schiwa. Schiwa ist ein Aspekt Gottes. Ob ich nun dies sage oder: »Gegrüßet seist du, Maria«, das ist völlig gleich. Beide Male handelt es sich um eine Sammlung und Hinwendung zu göttlicher Verehrung. Ausschlaggebend ist nur die innere Verfassung und keineswegs der Wortlaut.

Die Andachtsform des Mantras ist ein hervorragendes Mittel zum »Loslassen«. Die entstehende Schwingung hilft, sich von all den Bedrängnissen des Ichs zu befreien und Zugang zum individuellen Selbst zu finden, das in engem Kontakt zum absoluten Selbst, zu Gott, steht. So kann der Mensch ein Gefäß für das Göttliche werden. Wir werden ein Kanal für das Göttliche und seine Eingebungen. So schaffen wir uns auch den Zugang zu den unbegrenzten Kraftquellen des *Geistes, der ja das Göttliche in uns ist und in Verbindung mit dem unendlichen Geist steht, den wir Gott nennen* (Gott als Inbegriff allen Geistes). Und wir entdecken dann, daß wir nicht nur schwache Menschen, sondern sehr mächtig sind aufgrund unseres geistigen Erbes.

Der Mantra-Wirkungseffekt ist in der Musik bekannt, beispielsweise erkennbar in dem von KARL ORFF häufig intonierten Ostinato, der beharrlichen, hartnäckigen Wiederholung eines Themas. Das Motiv wird zusätzlich noch durch hinzukommende Instrumente dynamisiert. Der Zweck wird erreicht: Durch die ständige Wiederholung bringt sich der Zuhörer selbst in den Schwingungsprozeß mit ein. Er identifiziert sich mit der Musik.

Die zweite Anwendung des Mantras hat ihren Sinn in der Verbreitung einer harmonisierenden Schwingung. Hierbei handelt es sich zweifellos um eine physikalische Erscheinung, die eines Tages auch auf dem Gesundheitssektor Beachtung finden wird.

Kühe, die im Stall schöne Musik haben, geben angeblich mehr Milch. Die bereits erwähnten Experimente haben gezeigt, daß Blumen mit BEETHOVEN bestens gedeihen und mit Rockmusik eingehen. So wie Musik verbreitet auch das im Mantra gesprochene Wort Vibrationen.

Energie sind die Körper aller Lebewesen, Energie, die vom

geistigen Schwingungswert auf die materielle Ebene verlagert wurde. Verständlich daher, daß unser Körper und unser Geist für Schwingungen empfindsam sind! Harmonische Vibration um uns wirkt auf die Körperzellen kräftigend und gesundend, auf die Seele beruhigend. Und auf harmonischer Vibration beruht die zweite Wirkung des Mantras.

In einem Presseartikel über den derzeit höchstbezahlten und meistbeschäftigten Tenor der Welt, den Spanier PLACIDO DOMINGO, war zu lesen: »Für ein kleines Experiment besuchte ich Domingo in seiner Garderobe des Kölner Opernhauses. Der Mann mit dem riesigen Brustkorb neben mir sang mal kräftig »aaaaaaa«, die Kaffeetasse auf der gläsernen Anrichte vollführte einen klirrenden Kreistanz . . . Domingo zersingt mit seinem zweigestrichenen Fis sogar Sektgläser.« Von ENRICO CARUSO wurde Ähnliches berichtet. – Welch herrliche Demonstration für die Kraft der akustischen Schwingungen!

In diesem Sinne ist auch das Tischgebet vor dem Essen keine zufällige Gewohnheit: Ehrlich gedacht und gesprochen, bewirkt es eine Harmonisierung unseres Innenlebens und wirkt auch günstig auf den Stoffwechsel und somit auf die biochemische Auswertung der Nahrung. Das Tischgebet ist eine Psycho- und Gesundheitsmedizin.

Jegliche Form der Verehrung des Göttlichen setzt wertvolle beruhigende, stärkende und erneuernde Vibrationen frei. Wird das Mantra über längere Zeit durchgehalten, so verstärkt sich der Effekt. Es ist nicht zu verwundern, daß Mantras nervenberuhigend wirken. Sie vermitteln Seelenfrieden und haben ihre ausgleichende und regenerierende Wirkung auf die Zellen des Körpers. Ein einfaches, aber umfassendes und schönes Mantra ist: Gott ist Liebe. Gott ist Liebe . . .

Als vergleichbares Konzentrationsmittel dient auch der Rosenkranz. Seine Wirkung beruht auf der häufigen Wiederholung der Andachtsformeln als Hilfe zur geistigen und körperlichen Gesundheit des Betenden. Schon vor Christi Geburt wurde der Rosenkranz in Indien in der Literatur erwähnt und wurde demnach von dort übernommen. In Sanskrit ist sein Name »Rudrakscha«. Für arme wie für reiche Leute besteht zwar kein Unterschied im Wortlaut, wohl aber im Material. Die Armen haben nur ein Baumwollband mit Knoten oder Samen; der Reichen Rudrakscha besteht aus Korallen oder Perlen.

Praktische Übung der Mantratechnik

Es genügt, sich für die Übung zehn Minuten Zeit zu nehmen. Es empfiehlt sich, wie folgt vorzugehen:

o Sich ruhig mit geradem Rücken hinsetzen. Die Hände mit den Handflächen nach oben aufeinander legen: die linke Hand ruht im Schoß; die rechte Hand liegt in der linken Handinnenfläche. Augen schließen.

o Nun wird das Mantra – zum Beispiel: »Gott ist unendliche Harmonie« – ständig während jeder Ausatmung wiederholt (in der Wiederholung nennt man das Mantra »Japa«). Es ist laut zu sprechen oder intensiv zu denken.

o Beenden Sie die Übung mit bewußtem Zurücknehmen, wie Sie es von den früher beschriebenen Übungen her kennen.

Natürlich geht es bei dieser Technik nicht um das mechanische Wiederholen einer Formel und auch nicht um deren günstige Nebenwirkungen, sondern darum, daß sich das durch Erziehung und Gewohnheit weitgehend auf sein Ich begrenzte Individuum für die alles umfassende göttliche Unendlichkeit öffnet.

Im Rahmen dieser Methode gibt es spezielle Formeln und

gezielte Anweisungen für bestimmte geistige Entwicklungsstu-
fen. Es muß aber dringend vor Lehrern und sogenannten
»Meistern« gewarnt werden, die auf diese Weise Menschen in
eine Abhängigkeit bringen, meistens nur um sie finanziell
auszubeuten.

ZUSAMMENFASSUNG:

*Die Andachtsform des Mantras vermag Ihren Geist und Körper
in eine gesunde, wohltuende, erhebende Schwingung zu bringen. Auch dient sie als Hilfsmittel, sich vom Ich zu entleeren und
sich dem Göttlichen zu öffnen.*

7. Das Gebet

Dem Menschen ist die Ahnung um die Kraft des Gebetes
eingegeben. Wissenschaftler haben nun frappierende Tatsachen erwiesen.

Der bekannte amerikanische Atomforscher N. J. STOVEL,
dessen wissenschaftliche Arbeiten Weltruf genießen, wurde
aufgrund seiner Forschungen vom atheistischen Zyniker zu
einem tiefreligiösen Menschen. Er experimentierte viele
Monate, um die Strahlungen des menschlichen Gehirns zu
messen. Endlich gelang ihm der Beweis, daß jeder Mensch
gleichsam ein Funksender und -empfänger mit individueller
Wellenfrequenz ist. Daraufhin stellte er Versuche über die
während des Sterbens im Zerebralsystem vor sich gehenden
Vorgänge an. Mit vier weiteren Wissenschaftlern führte er in
einer Klinik das außergewöhnliche Experiment durch, die

Gehirnfunktion einer sterbenden Frau zu registrieren. Die Meßgeräte befanden sich im Nebenzimmer der Patientin. Hier erlebten die Wissenschaftler das letzte Gebet der Sterbenden.

Die Frau bat um Verzeihung für ihre Feinde, um Vergebung ihrer eigenen Schwächen und Sünden und gab sich dann mit einem innigen Stoßseufzer, der wie ein erstickender Aufschrei klang, ganz in die Hände Gottes. Als sie Jesus laut um Gnade bat, gab das Meßgerät einen hellen Laut von sich, der Zeiger schlug aus bis zur Maximalfrequenz, bis zum Höhepunkt der vorhandenen Skala.

Die Forscher schauten fassungslos und geradezu erschreckt auf die Kulminationsziffer. Was sie sahen, ging über jedes wissenschaftliche Begreifen. Aber ein Irrtum war ausgeschlossen. Sie hatten dreißig Sekunden lang mit eigenen Augen die Wirkung der Gebetskraft der sterbenden Frau wahrgenommen – und sie kamen sich dabei nach ihrem eigenen Zeugnis »beschämt, dreist und aufdringlich« vor, als würden sie verbotenermaßen Zeugen eines sakralen Geheimnisses.

Zum erstenmal in der Menschheitsgeschichte war die geistige Kraft eines Gebetes von einem Meßapparat aufgezeichnet worden. Diese Kraft war größer als die zuvor mit dem gleichen Instrument gemessene Energie des größten amerikanischen Rundfunksenders!

Eine so ungeheure Energie geht von einem Gebet aus, das ja nichts anderes ist als eine inbrünstige Bitte, die ein Ausdruck des Denkens und Fühlens eines Menschen ist. Das erinnert uns an die »Atomkraft des Geistes«! Tatsächlich ist ein von Herzen kommendes Gebet die stärkste Kraft der Welt.

Die Legende berichtet über einen Bischof von Prag, der als Kind nach dem Tode seines Vaters in ärmlichsten Verhältnissen mit seiner Mutter in einem abgelegenen Dorf lebte. Zu Fuß ging sie mit ihrem Sohn den weiten Weg zur Stadt, um dort

Arbeit zu suchen. Beim Anblick der Türme der »goldenen
Stadt« Prag, am Beginn eines neuen Lebensabschnitts, sagte
sie zu ihrem Söhnchen: »Wir wollen niederknien und beten.
Das Gebet ist das Einzige, das ich dir mitgeben kann.«

Nicht sichtbar, nicht faßbar gehen von einem Gebet im
Augenblick, da es gesprochen wird, große Segnungen aus.
Auch das Gebet ist Vorwegnahme von Zukunft. Der Reichtum, den eine Mutter vererbt, kann in kurzer Zeit verbraucht
sein; aber die Möglichkeiten, die ihr Herzensgebet mobilisiert,
sind unerschöpflich. Beten kann eine an materiellen Gütern
reiche wie auch eine arme Mutter, ob sie mit ihrem Kind lebt
oder von ihm getrennt ist; beten kann jedermann, und ein
Gebet ist die größte und mächtigste aller Gaben, die wir uns
selbst oder unseren Mitmenschen zuwenden können.

Beten ist eine ganz besonders wirksame Art gezielten positiven Denkens, eine zuverlässige und immense Kraftquelle, die
der Mensch hat. Wir verbinden im Gebet die eigene Kraft mit
der göttlichen Urkraft. Wenn wir betend positiv denken – ohne
Zweifel –, dann können wir »Berge versetzen«. Wir alle haben
Anteil an der göttlichen Kraft des Geistes, die in Jesu Christo
wirkte.

Der Unterschied ist der, daß Jesus sie zu verwirklichen
verstand und wir nicht. Hätten die Kranken, die er heilte, das
gewußt und nicht gezweifelt, vielmehr an die ihnen innewoh-
nende Kraft geglaubt – sie wären ebenso geheilt worden. Doch
sie trauten es wohl dem Gottessohn zu, nicht aber sich selbst.
Dieser Zweifel ist uns fast allen aufgebürdet und beherrscht
uns. Es müßte aber nicht so sein. So hat der Ausspruch Christi
immer noch Geltung: »O du Kleingläubiger, warum zweifeltest
du?« (Matthäus, Kapitel 14, Vers 31).

Genau dies ist bis heute die hindernde Schranke, die nur
wenige Menschen durchbrochen haben, obwohl jeder Mensch

das könnte. Wir vermögen uns betend Ressourcen ohne Grenzen zu erschließen: höchstes Wissen, Ideen ohne Zahl, vollkommene Gesundheit, unerschöpflichen Reichtum, endlose Liebe, unerschütterliche Zuversicht, das erhebende Bewußtsein des Göttlichen in uns. Wer an diese Fülle appelliert, der wird sie erfahren.

Im alltäglichen Dasein erfahren wir sie als Einfälle, günstige Gelegenheiten, als glückliche »Zufälle«, die sich scheinbar von selbst ergeben, oder auch als die unerklärliche Kraft, Schweres ertragen zu können. Diese verschwenderische Fülle ist vorhanden, und zwar ohne Einschränkung. Jeder von uns kann von ihr zehren, und doch versiegt diese Quelle nie. Es ist die Urenergie des göttlichen Geistes, aus der alles Sichtbare entstanden ist und immerzu entsteht.

MEISTER ECKART, der große deutsche Mystiker und Prediger, der theologische Gelehrsamkeit in die innere Gläubigkeit der Seele ummünzte, erklärte schon gegen Ende des dreizehnten Jahrhunderts: *»So inbrünstig, so mit allen Fasern des Leibes und der Seele, muß man beten, daß man fühlt, eins zu werden mit dem, zu dem man betet, mit Gott.«*

Gebete sind leere Formeln, wenn sie – ohne Herzensüberzeugung und ohne Hinwendung zu Gott – nur aufgesagt werden. Sehnsucht, Hoffnung, Glaube, das Gefühl der Zuversicht und die Überzeugung Ihres Denkens und Glaubens, erst sie vitalisieren das Gebet zu einer schöpferischen Kraft.

Wenn Sie unglücklich und verzweifelt sind, dann schreien Sie. Beladen Sie diesen Schrei mit all Ihrer Not und Hoffnung. Ich versichere Ihnen: Es hilft. Beschränken Sie sich nicht auf ein augenblickliches Problem. Beten Sie um Erkenntnis überhaupt und um die Kraft, danach handeln zu können.

Allgemein denkt jeder Mensch zuerst an sich. Das reicht aber nicht, wenn Sie sich zur geistigen Höherentwicklung entschlossen haben. Das Gebet sollte ausgeweitet und das Wohl der gesamten Menschheit mit einbezogen werden; ein Gebet sollte immer auch ein Gedankensame für Frieden und Erkenntnis zum Wohle aller Menschen sein. Die Idee allgemeinen Wohlwollens gegenüber allen Menschen können Sie jedem Ihrer persönlichen Gebetsanliegen anfügen.

Der Abschluß Ihres Gebetes sollte die Danksagung für die Erfüllung Ihrer Bitten darstellen. Echtes Gebet ist auch eine Lobpreisung Gottes, seiner Weisheit, seiner Liebe, und der Dank für das Göttliche in uns, das unser Geist ist – »Geist von seinem Geist«.

Ob das Gebet im normalen Gesprächston gedacht oder formuliert wird – wie gegenüber einem Vater, zu dem sich ein Kind vertrauensvoll wendet – oder in Form eines altüberkommenen Gebetsspruchs, das ist unwesentlich. Im Gebet kommt das zum Ausdruck, was unsere Seele bewegt, in der Hinwendung zu Gott. Wichtig ist die Intensität unseres Denkens, Wünschens und Fühlens. Das Gebet eröffnet unzweifelhaft höhere Erfahrungen des Bewußtseins.

Ständige Weiterentwicklung ist ein wesentliches Anliegen der Menschheit, auch im Sinne der Evolution, und das findet in der Zuwendung des Menschen zum Göttlichen seinen wichtigsten Ausdruck. Heutigem Bewußtsein entsprechend sollte das Gebet anders formuliert werden als in der Vergangenheit – unserem Wissen um die Gesetze des Denkens und Glaubens angepaßt: Durch bewußte Steuerung unseres Denkens in die richtige Richtung kann das Reservoir der göttlichen Energie des Geistes wirkungsvoller angezapft werden.

Diese Ausdrucksweise sollte nicht als abwertend gedeutet werden, nicht als Mißachtung religiöser Werte. Auf der Aufrichtigkeit und Innigkeit beruht nach wie vor die ausschlaggebende, energieerzeugende und höchst wirksame Kraft; darauf beruht der Mechanismus des von Herzen kommenden Gebetes auf jeden Fall.

In den schwierigsten, leidvollsten und gefährlichsten Situationen gibt es nur einen Rettungsanker – Gott. Harte Männer, verschüttet im Bergwerk, beten: »Lieber Gott, hilf!« Ich selbst habe es erlebt im Flugzeug in akuter Absturzgefahr. Kein Laut – nur Schweigen. Später erzählten mir aber ein Franzose und eine Inderin das gleiche: »Ich konnte nur noch beten: Lieber Gott, hilf!«

In solchen Gefahrensituationen ist der Wortlaut unseres Stoßgebetes völlig unwichtig. Es mag, wie hier, kindlich klingen; auf die Intensität kommt es an. Doch in unserem Alltagsleben, wo wir das Gebet brauchen, um unser Lebensfundament – Zuversicht, Vertrauen, Liebe – zu stabilisieren, sollten wir auch die neuen Erkenntnisse der Geisteswissenschaften in Rücksicht ziehen. Jedes Gebet ist ja, psychologisch gesehen, immer auch eine Suggestion, die ihre unmittelbare Wirkung auf den Betenden hat. Im Alltag sollten wir anstatt »Lieber Gott, hilf!« – was uns völlige Hilflosigkeit suggeriert – eher beten: »Gott schützt mich!« – was unser zuversichtliches Gottvertrauen bekräftigt und uns eindeutig stärkt.

In diesem Zusammenhang muß auch an die Jugend gedacht werden. Die altübernommenen Gebetstexte empfinden viele junge Leute als nicht mehr zeitgemäß. Doch über die Erkenntnis, daß Gottes Gesetze sich in den Naturgesetzen äußern – und somit auch in Energiegesetzen –, vermögen manche junge Menschen alte Werte in neuem Gewand wiederzufinden und anzuerkennen. Auch aus diesem Grunde sollten wir darauf achten, richtig, das heißt wirksam, zu beten.

Prüfen wir einmal anhand eines Beispiels dessen gedanklichen Inhalt:

»Bitte, bitte, lieber Gott, gib mir Ruhe und Frieden. Gib mir meinen Mann zurück.«

In solcher Art Gebet ist vor allem zuviel Zweifel enthalten.

o »Lieber Gott« drückt die Fehlansicht aus, man müsse Gott schmeicheln, weil man etwas von ihm will. – Gott ist die Liebe.

o »Lieber Gott, gib« heißt, Gott möge bewirken, was man selbst nicht vermag; Gott, der fern ist, irgendwo im Himmel. – Gott ist in uns.

o »Bitte, bitte« ist eine Form der Überredung, die Gott nicht nötig hat. – Gott ist allwissend, allmächtig.

o »Gib mir meinen Mann zurück« heißt: »Ich will ihn haben.« Und es heißt auch: »Egal, was dann ist!« – Gott ist Harmonie und Frieden.

Besser wäre es, sich in echter Hinwendung zu Gott die Attribute Gottes zu vergegenwärtigen und dann voll Zuversicht und Inbrunst wie folgt zu beten:

o *»Gott, du bist vollkommener Friede.«*
Bewußtwerden des göttlichen Aspektes entsprechend dem persönlichen Anliegen.

o *»Gottes Geist wohnt mir inne (ich bin ein Gotteskind) und habe Anteil an Gottes vollkommenem Frieden.«*
Bewußtwerden der Einheit mit Gott, also auch der Einheit mit Ruhe und Frieden.

o *»Göttliche Ruhe und Frieden erfüllen mich.«*
Bewußtwerden der eigenen Möglichkeiten aufgrund der »Gotteskindschaft«, oder, anders ausgedrückt, infolge des Angeschlossenseins an die Naturgesetze des Geistes.

o *»Mein Mann kommt zurück, wenn es zu unserem Wohle ist.«*
Zuversicht in die Führung und Fügungen kosmischer Ordnung unter Zurücknahme des eigenen Ichwillens zu Gunsten der Idee der Harmonie.

Ähnlich wie beim vorstehenden Beispiel könnte das folgende Gebet kritisch zerlegt werden: »Bitte, bitte, lieber Gott, laß mich die Prüfung bestehen!«

Das Anliegen sollte besser in einem Gebet Ausdruck finden etwa wie folgt: »Ich habe mein Möglichstes getan. Gott ist vollkommenes Wissen. An diesem Wissen habe ich Anteil. Alles, was ich brauche, liegt abrufbereit in mir. Ich bin voller Zuversicht und Ruhe. Ich schaffe es.«

Wer richtig gebetet hat, fühlt sich anschließend beruhigt, ermutigt, getröstet, befreit. Er hat seine Last der höheren kosmischen Ordnung übergeben. Er kann hoffnungsvoll sein. Er legt seine Sorgen und Wünsche in das Gebet und übergibt es Gott. Es ist eine andere Art des »Loslassens«. In Gelassenheit und Ruhe erwartet er freudig und mit Zuversicht das Ergebnis. *Wer beten kann, wird zwangsläufig ein positiv denkender Mensch.*

Sein Lebensgefühl beruht wesentlich auf der Erwartung, daß alles das Wirklichkeit werden soll, was für ihn gut ist. Und wer in ständigem Kontakt mit dem Göttlichen lebt, für den wird das Beste erfahrbare Realität – obwohl das sichtbar werdende Beste manchmal auf den ersten Blick anders aussieht als das ursprünglich vorgestellte Beste.

Es ist richtig, wenn wir unseren ganzen Willen, unser Denken und die gesamte Kraft auf unser Ziel einstellen. Doch sollten wir immer noch einen Spielraum lassen im Hinblick darauf, daß sich unsere Wünsche anders erfüllen könnten, als wir es erwarten: Gottes Wege sind unerforschlich.

Ich habe mir das Leben sehr erleichtert, seit ich meine Gebete mit den folgenden Worten beende: »Ich anvertraue mein Anliegen göttlicher Fügung. *Dein* Wille geschehe.«

Wohl engagiere ich mich voll für meine Vorhaben; doch seit ich so denke, erschüttert es mich nicht, wenn etwas anders rauskommt, als ich dachte. Ich sehe das dann nicht als einen Fehlschlag an, sondern als einen Hinweis, daß mein Weg anders verläuft, als ich es mir vorstellte, und bleibe so offen in der Erwartung des für mich Guten. Es wäre ungeschickt, wollten wir etwas Bestimmtes unbedingt erzwingen: Vielleicht steht uns ein viel Besseres bevor, und wir blockieren es mit unserer festgelegten Haltung.

Diese Phase des »Loslassens« ist im Ablauf des Gebetes unerläßlich. Es zu lernen sollte mit Hilfe der bereits beschriebenen Übungen nicht schwerfallen.

In dem Wort Gebet liegt, für viele unerkannt, eine große Weisheit. Betonen wir die erste Silbe, so heißt es *gebet*. Niemand kann etwas bekommen, ohne zu geben. Im Geben öffnet sich die Hand, so daß sie auch empfangen kann!

Es genügt nicht, Gott um Gesundheit zu bitten und zugleich in einer Weise zu denken und zu leben, die uns krankmachen muß. Erst wenn wir die Naturgesetze einer vernünftigen Lebensweise einhalten und uns zusätzlich um geistig-seelische Harmonie bemühen, dürfen wir die Erfüllung unserer Bitten um Gesundheit erwarten.

Und was können wir geben, damit unsere Gebete erhört werden? Wir bauen zuversichtlich auf deren Erfüllung gemäß dem Willen Gottes und sagen Dank für seinen Beistand.

Dankbarkeit ist zweifellos eine höchst dynamische und schöpferische Kraft, die jedem Menschen zur freien Verfügung steht. Wir müssen lernen, die Energie des Gefühls inbrünstiger zu nutzen. Wiederum wird auf diese Art Zukunft vorweggenommen, und zwar das für uns Gute. Wir können aber die guten Dinge nicht empfangen, solange unser Bewußtsein nicht erweitert ist, das Herz nicht größer geworden und die Kraft der Dankbarkeit nicht angeregt ist.

Die knappeste und präziseste Anweisung zum Gebet gab

Paulus in seinem Brief an die Philipper (Kapitel 4, Vers 6): *»Sorget nicht, sondern in allen Dingen laßt eure Bitten im Gebet und Flehen mit Danksagung vor Gott kund werden.«*

Das beinhaltet: Erstens inbrünstiges Denken und Wünschen, zweitens »Loslassen« und drittens Vorwegnahme der Erfüllung durch Danken. Das Denken bringt Energien in Bewegung. »Loslassen« und Dank bedeuten die feste Überzeugung, daß sich die Zukunft zum eigenen Besten gestalten wird.

Zwar kann auch das innigste Gebet die göttlichen Gesetze nicht ändern; in solchen Fällen führt es aber dazu, uns mit diesen Gesetzmäßigkeiten und den Gegebenheiten des Lebens in Einklang zu bringen. Auf diese Art erkennen wir, daß das von uns Gewollte und Erflehte nicht das Richtige für uns wäre, und wir gewinnen die Kraft, uns gelassen und heiter in unsere Bestimmung zu fügen und das Leben zu meistern.

ZUSAMMENFASSUNG:

Gebete sind gezieltes Denken und Glauben in Hinwendung zu Gott. Die dabei entwickelte Energie wirkt schöpferisch entsprechend der Intensität unseres Betens.

8. Meditation

Meditieren heißt nachdenken, sinnend betrachten. Echte Meditation führt zur Erfahrung des inneren Selbst. Meditieren ist kaum eine Arbeit des Intellekts, eher ein Lebendigwerden des inneren Geistes, durch den wir Zugang zum universellen kosmischen Geist haben oder – anders ausgedrückt – Gott erfahren.

Konzentration wird erst unter dem Aspekt des Göttlichen zur Meditation. Fehlt die bewußte Hinwendung zu Gott, dann handelt es sich nicht um Meditieren; in diesem Fall sprechen wir besser von einer Konzentrationsübung.

Zum Beispiel können Sie sich zu Ihrer inneren Sammlung das Meer vorstellen, seinen Wellengang, sein Rauschen, seine Farben, seine Weite – eine Konzentrationsübung. Fühlen sie sich dann hinein in die Vorstellung der unendlichen Weite des Ozeans und verbinden Sie seine »Unendlichkeit« mit der Unendlichkeit Gottes – mit seiner Allgegenwart in allem, was ist, auch in Ihnen –, so gedeiht Ihre Konzentrationsübung zur Meditation.

Auf diesem Wege haben erleuchtete Weise, die Mystiker und Heiligen der Geschichte, aber auch sehr viele Menschen unserer Zeit Gott als Inbegriff des Geistes, an dem wir alle Anteil haben, erfahren und sind sich seiner als vollkommener Harmonie und grenzenloser Liebe gewahrgeworden.

Ein Schrittmacher dieser Ideen und Lebenslehrer der Liebe und des positiven Denkens für Millionen Menschen, die seine Bücher lasen, ist Dr. JOSEPH MURPHY. Er hat die Tatsache der »kosmischen Dimension unserer seelisch-geistigen Kräfte« gleichsam ins Volk getragen – in Amerika, in Europa, selbst in Teilen Asiens. Ähnliche Ideen der Wiedererweckung unserer seelisch-geistigen Kräfte und der inneren Erleuchtung hat zum Beispiel in Japan und von da aus auch im Westen Dr. MASAHARU TANIGUCHI bewußtgemacht. Wer die Entwicklung und das Wohl der ganzen – heutzutage so gefährdeten – Menschheit im Auge hat und die Ursachen für die Leiden und Nöte von Abermillionen Einzelmenschen erkennt, der muß wissen, daß solche Bewußtmachung unserer inneren Kräfte und des Göttli-

chen zum notwendigen Anliegen von uns allen werden muß –
wollen wir uns nicht selbst aufgeben.

So verstanden sind Meditationsübungen, die in unserem vernünftigen Denken zwar ihren Ausgang nehmen, aber
weit über unseren Verstand hinausführen, von allergrößtem
Wert.

Lassen Sie in derartigen Meditationsübungen Ihren Intellekt
zur Ruhe kommen und erleben Sie dann, wie zum Beispiel die
Ideen der Liebe und Harmonie auf einmal nicht mehr nur
Inhalte Ihres Denkens, sondern Teil Ihrer selbst, Ihres Seins,
geworden sind. Selbst wenn dieses neue Lebensgefühl für Sie
anfänglich nur zeitweise anhalten sollte, bringt das dennoch
schon großen Gewinn. Es löst Kummer und Krankheiten auf,
vermittelt Ihnen einen Ideenreichtum sondergleichen und
stärkt Ihre Vitalität und Ihren Charakter. Wer in dieser Weise
meditiert, wird stärker für den Alltag und trägt zum Wohl der
Menschheit bei.

Man muß sich mit der Wahrheit abfinden, daß meditative
Erfahrungen überhaupt nicht gelehrt werden können. Ein
Lehrer vermag den Schüler bestenfalls an die Schwelle seines
eigenen »inneren Tempels« heranzuführen. Immerhin aber
haben Sie in diesem Buch Übungen kennengelernt, *einen
begehbaren Weg* also, auf dem Sie vorankommen können,
wenn Sie dies zutiefst wünschen und die Übungen in Ihre Praxis
umsetzen.

1. Die Übungen der Ruhe und Entspannung ermöglichen
   Ihnen das Stillesein und vollkommene körperliche Entspannung.
2. Die Übungen des »Loslassens« (für welche Methode Sie sich
   auch immer entscheiden) dienen der geistigen Entspannung.
   Sie machen Ruhepausen, die schöpferisch sind.
3. Die Konzentrationsübungen und die denktechnischen

Übungen führen Sie zur Beherrschung Ihres Intellekts. Ihr
Denken gestaltet schöpferisch Ihre Zukunft.

4. Aufgrund dieser Techniken sind Sie in der Lage, Ihr geistig-
seelisches und körperliches Gleichgewicht herzustellen und
Ihre Fähigkeiten und Kräfte, insbesondere jene der Intui-
tion und Kreativität, zu wecken und zu entfalten.

5. Jetzt sind Sie gut vorbereitet für die Meditation, die Sie aus
der Ichbindung löst und hinführt zu einem Bewußtsein
jenseits der Grenzen von Raum, Zeit und Materie und des
Einsseins mit dem Göttlichen, das in jedem Menschen ist,
und mit Gott, der der Inbegriff allen Geistes und das
Lebensprinzip, die Urenergie der gesamten Schöpfung ist.

Wie Sie sehen, führen die in diesem Buch empfohlenen Übungen, die mit zielgerichtetem Denken beginnen und in der
Meditation ihre Vollendung finden, zum *Gewahrwerden unseres Einsseins mit dem Göttlichen des Universums und dem
Göttlichen in uns.* Das Bewußtsein dieser neuentdeckten Realität unseres Geistes vermag uns in unglaublicher Weise zu
inspirieren. Die Ideen, die dem so erweiterten Bewußtsein
erfließen, müssen keineswegs während einer Übung auftauchen; sie kommen irgendwann, nachts im Bett, morgens im
Bad, auf dem Weg zur Arbeit.

So ist denn die Meditation für jeden Menschen, der seine
höchsten Möglichkeiten verwirklichen will, auch für die
Lösung seiner Alltagsprobleme und die Verwirklichung seines
Anrechts auf Glück und Erfolg die beste aller Methoden.

In geschichtlicher Vergangenheit war die geistige Verbindung des Menschen mit dem Göttlichen weitgehend unbewußt
vorhanden, oder sie galt als eine auf dem Boden religiöser
Lehren entfaltete Glaubensvorstellung – an die man glaubt
oder nicht. Heute ist es gerade die Wissenschaft – die in der
Zeit der »Aufklärung« den Menschen vom Göttlichen ent-

fernte –, die mit ihren neuen Erkenntnissen hinter der sichtbaren Welt der Materie den geistigen Urgrund zu entdecken im Begriff ist.

Wenn in der jüngsten Vergangenheit viele Menschen, insbesondere Naturwissenschaftler, nicht wagten, ihre Gottesvorstellung zu äußern, aus Furcht, sich lächerlich zu machen, so hat nun die wissenschaftliche Forschung den Wendepunkt herbeigeführt; und vielleicht wird sich schon bald ein jeder lächerlich machen, der den geistigen Urgrund allen Lebens, den wir Gott nennen, nicht anerkennt.

Hier nun schließt sich der Kreis meiner eingangs dieses Buches festgehaltenen Überlegungen in bezug auf die neuen parapsychologischen und naturwissenschaftlichen Erkenntnisse. Hinter allem Sein existiert eine Urenergie geistiger Qualität. Unser erweitertes Bewußtsein wird ihrer gewahr. Für den gläubigen Menschen vollzieht sich die Hinwendung zu Gott durch das Gebet. Die hohe Schule ist die Meditation.

Wenn es Ihnen gelingt, Erkenntnis und Leben in Übereinstimmung zu bringen, dann werden Sie sich durch die bestmöglichen Leistungen auszeichnen, deren Sie für Ihr eigenes Wohl und das Ihrer Mitmenschen fähig sind. Ihr diesbezügliches Bemühen könnte man gleichsam als »aktive« Meditation bezeichnen.

Und wenn Sie das höchste Ziel erreichen und aufgrund direkter Erfahrung die Gottunmittelbarkeit erlebt haben, dann strahlen Sie einen solchen Seelenfrieden aus, daß Sie zwangsläufig die Aufmerksamkeit und Verehrung Ihrer Mitmenschen auf sich ziehen. Selbst skeptische Menschen können sich der Ausstrahlung innerer Ruhe und Harmonie nicht entziehen.

Die Folgen eines allgemeinen Bewußtseinswandels sind groß zu sehen. Denn das veränderte Denken der Menschen ändert auch ihr Verhalten, und das veränderte Verhalten führt schließlich zu einem Wandel der ganzen Gesellschaft. So könnte die persönliche Evolution des einzelnen eines Tages buchstäblich zur sozialen Revolution führen. Bis dahin sollte jeder, der als »Verwandelter« unter uns lebt, als ein Garant der Hoffnung für die anderen gelten, die sich ebenfalls auf dem Weg zur Bewußtwerdung ihres Selbst und der verheißungsvollen Erneuerung der Welt befinden.

ZUSAMMENFASSUNG:

Mit Hilfe der in diesem Kapitel empfohlenen Übungen können Sie Ihr Leben zum Besseren wenden. Durch die innere Vergegenwärtigung der Vollkommenheit Gottes bringen Sie Harmonie in Ihr eigenes Leben und tragen zu der so notwendigen Bewußtseinswandlung der ganzen Menschheit bei.

Kapitel 6

Positives Denken – der Schlüssel zu einem erfüllten Leben

1. Bewußtseinserweiterung – wozu?

JOHANN WOLFGANG VON GOETHES Gedanken gehören nicht einer Nation, sondern, wie er es verstanden wissen wollte, der ganzen Welt. Er fand zu für die ganze Menschheit gültigen Erkenntnissen wie dieser: »Das Göttliche zu verwirklichen, ist unsere höchste Pflicht.«

Wie wir alle wissen, ist die Existenz Gottes nach wissenschaftlichen Kriterien nicht bewiesen; daß aber Gott nicht existiert, ist ebenso nicht bewiesen. Alle Wissenschaften haben einen Bereich von Erfahrungswerten. Für die Geisteswissenschaften hat die Tatsache Gewicht, daß es in der gesamten historisch überschaubaren Zeit Menschen gab, die Gott erfahren haben, als Inbegriff des Geistes und sich selbst als eine Verkörperung desselben. Wer sein Bewußtsein dieser Erkenntnis zu öffnen vermag, dem ist alles möglich.

GEORG W. F. HEGEL (1770–1831), einer der bedeutendsten Philosophen nicht nur seiner Zeit, erhob den im wesentlichen intuitiv gewonnenen Anspruch, daß alle Erscheinungen des Natur- und Geisteslebens aus der Natur des Geistes selbst heraus zu erklären seien und sprach vom »Sichbewußtwerden Gottes im Menschen«. Er legte das Geistige auf göttlicher Ebene an – wie zahlreiche Philosophen vor und nach ihm.

Mehr als anderthalb Jahrhunderte sind inzwischen vergangen. Wir haben es heute einfacher. Die wissenschaftliche Forschung brachte uns ein gewaltiges Stück weiter auf dem Weg vom Glauben zum Wissen. Die Möglichkeit und die Notwendigkeit der Bewußtseinserweiterung sind geradezu zum Schlagwort aller geistig engagierten Menschen geworden. Einen Markstein in dieser Entwicklung hat – erinnern wir uns an die Erörterungen in Kapitel 1 – Professor Dr. MILAN RÝZL, Physiker und Parapsychologe, gesetzt mit den von ihm vorgelegten »Daten und Fakten, aus denen der Schluß gezogen werden muß, daß unsere physikalische Welt der Materie nur Teil einer von Zeit, Raum und Stofflichkeit unabhängigen höheren Welt ist und daß der Mensch in diesem geistigen Universum höherer Dimension nach dem Tod weiterlebt«.

Zweifellos ist eine neue Epoche ungeheurer, weltbildverändernder Erkenntnisse angebrochen, und der einzelne Mensch kann anfangen, mit ihnen zu leben.

Die besten Denker und Wissenschaftler des zwanzigsten Jahrhunderts stehen an den weitvorgeschobenen Grenzen ihres Fachwissens. An den von ihnen erreichten Grenzmarken vollzieht sich der Übergang von der Physik zur Metaphysik, der Lehre von den jenseits des sinnlich Wahrnehmbaren liegenden letzten Gründen und Zusammenhängen unseres Seins. Zum Menschsein gehört in diesem Zusammenhang ohne Zweifel das uns alle zutiefst betreffende zentrale Thema Gott. Wir werden es in Zukunft auf keinem Lebensgebiet mehr ausklammern können.

Diese Anfänge einer Neuorientierung aller Wissenschaft sind in allen fortschrittlichen Ländern zu beobachten. In La Silla, dem Ort des Superobservatoriums von sechs europäischen Staaten in den Anden von Chile, bekannte bezeichnenderweise einer der Astronomen: »Was wir hier treiben, ist letztlich Metaphysik.«

Die Allgemeinheit gibt sich aber von dieser weltweiten Entwicklung noch kaum Rechenschaft, obwohl das den Interessen eines jeden einzelnen und jenen der ganzen Menschheit zuwiderläuft.

Der intellektuellste der indischen Philosophen, SRI AUROBINDO GOSH, ermahnt uns eindringlich: »Die Menschheit muß ein geistiges Bewußtsein entwickeln. Andernfalls wird sie übergangen werden müssen, und eine andere Menschheit wird kommen, die dazu fähig ist.«

Auch RUDOLF STEINER, der Begründer der Anthroposophie, sagte schon 1904 bei einem Vortrag in Berlin, daß die Menschheit diese Entwicklung aufgrund der Evolution des einzelnen vollbringen könne und müsse, wobei aber erst noch blutige Volkswirtschaftskriege ausgetragen würden.

Die Evolution des Bewußtseins ist eine unaufhaltsame und friedliche Entwicklung. Geistige Neubesinnung wird das Grundmerkmal des angebrochenen Zeitalters und bestimmend für den einzelnen wie auch für die Menschheit sein. Sie wird die Grundlage einer Zukunft in Wohlstand und allgemeinem Frieden sein. So sehen es nicht nur Philosophen, Psychologen, Parapsychologen, sondern auch Naturwissenschaftler, Volkswirtschaftler, Ökologen und Zukunftsforscher, sachlich denkende Männer unserer Gegenwart.

2. Vom positiven Denken zu einem besseren Leben

Die Welt ist ein Gedanke Gottes. Was auf der Welt geschieht, das entspricht den Gedanken der Menschen. Das Leid des einzelnen, die Kriege der Völker erfließen dem Denken der Menschen.

Wenn Sie sich in Gedanken der Mißgunst und Feindseligkeit ergehen, dann vergiften Sie Ihr Gefühlsleben; Neid, Angst, Haß, Aggressivität und destruktive Ansichten und Überzeugungen sind die Folge. Eine derart zerstörerische Geistes- und Gefühlshaltung kann nur zu Schwierigkeiten, Mißerfolg, Mangel, Krankheit und Leid führen.

In derselben naturgesetzlichen Folgerichtigkeit wirken sich die Gesetze des Denkens und Glaubens auch im großen aus. Wenn die Mehrzahl der Menschen ganzer Völker feindselig und aggressiv-destruktiv denkt und an die Notwendigkeit bzw. Unvermeidbarkeit kriegerischer Auseinandersetzungen glaubt, dann wird es aufgrund solcher verhängnisvoller Überzeugungen – und sei es im Ernstfall bloß aus purer Angst, dem verhaßten Gegner zuvorkommen zu müssen – zwangsläufig zu Krieg und Zerstörung kommen. Die skrupellose Schaffung von Feindbildern und die verantwortungslose Verbreitung entsprechender Hetz- und Haßpropaganda sind die »Todsünden« destruktiver Politiker wider die Natur des Geistes, wider Gott. Die Geschichte unseres Jahrhunderts spricht deutlicher denn je zuvor.

Entziehen Sie sich bewußt jeder Propaganda, die an Feindseligkeit und Haß appelliert. Sie wissen, was nur wenige Politiker wissen und unter dem Einfluß zersetzender Propaganda so manche fehlgeleitete Menschen nicht wahrhaben wollen – Sie wissen: *Sogar der Weltfrieden hängt vom Denken der Menschen ab, von den Ansichten und Überzeugungen jedes einzelnen.* Die Bewahrung des Friedens liegt an Ihnen!

Vergegenwärtigen Sie sich in Ihrer meditativen Versenkung die vollkommene Harmonie Gottes und das Göttliche, das Ihrem Geist innewohnt. Sehen Sie das Göttliche in jedem Menschen, dem Sie begegnen, von dem Sie sprechen, an den Sie denken, sogar in den Verfechtern aggressiver Tendenzen, die – wenn genug Menschen wie Sie positiv denken – ihre Ansichten ändern werden. Besseres, Wirksameres können Sie nicht entdecken, um zum Weltfrieden das Ihre beizutragen.

Zugleich bringen Sie Harmonie in Ihr persönliches Leben. *Ihre grundsätzlich zuversichtliche und allen Menschen gegenüber wohlwollende Haltung ist eine Voraussetzung für Glück und Erfolg, für ein harmonisches Leben in Fülle, das Sie durch gezieltes positives Denken anstreben und verwirklichen können.* In bezug auf den Körper bedeutet das auch, daß Sie jegliches Krankheitsdenken abzulegen und statt dessen das Gesundheitsbewußtsein einzuschalten vermögen. Positives Denken ist das beste Allheilmittel der Zukunft. Wer darum weiß, kann es schon heute benutzen.

Die Gegenwart hat gezeigt, daß oberflächliche Vergnügungen, Nervenkitzel, Brutalität und Sex – das alles wie immer billig oder teuer verkauft – den Menschen nicht zu befriedigen vermögen. Wen wundert es, wenn Neurosen aller Arten, Angstpsychosen, psychosomatische Krankheiten wie auch Fehlleistungen im Berufs- und Privatleben die Folgen sind? Seelenfrieden findet der Mensch nur durch Sammlung – Gesundheit, Glück und Erfolg nur durch aufbauendes positives Denken. Und selbst wenn die Umstände hoffnungslos erscheinen, bringen eine zuversichtliche Einstellung und gezieltes positives Denken das Bestmögliche in unser Leben.

Ich hoffe, daß Ihnen im Laufe der Lektüre dieses Buches die Wichtigkeit und der Wert positiven Denkens zur Gewißheit geworden sind. Ihnen muß ich es überlassen, sich die aufgezeigten nützlichen Übungen zur Gewohnheit zu machen. Natürlich sollten Sie nicht erwarten, gleich Wunder zu vollbringen, obwohl eine positive Geisteshaltung auf die Dauer – das verlangt von Ihnen die nötige Ausdauer – »Wunder« wirkt. Erwarten Sie ruhig und heiter das Beste und Höchste für sich und Ihr Leben. Das ist der Schlüssel zu einer besseren Zukunft.

Jeder ist heute, was er gestern gedacht hat, und wird morgen sein, was er heute denkt.

SCHLUSSWORT ZUM GELEIT

Der Mensch ist nicht nur ein Staubkorn im Kosmos. Jeder Mensch ist eine Sonne von Energie. Es gilt, das zu glauben und mit Hilfe der »Zauberformel Gedankenkraft« wahrzumachen.
Sagen Sie sich: Ich mache es wahr!

DIE REIHE AKTUELLER SACHBÜCHER

in Balacron mit Goldprägung und cellophaniertem, farbigem Schutzumschlag

DIE MACHT IHRES UNTERBEWUSSTSEINS

Von Dr. phil. Joseph Murphy

Unser Unterbewußtsein lenkt und leitet uns, ob wir das wollen oder nicht. Dieses leicht-verständliche Buch des dreifachen Doktors zeigt, wie wir die unermeßlichen Kräfte des Unterbewußtseins nach unserem Willen und für unsere Ziele nutzen und für uns schöpferisch einsetzen können. 245 Seiten, Best.-Nr. 1027.

DIE NATUR DER PSYCHE – IHR AUSDRUCK IN KREATIVITÄT, LIEBE, SEXUALITÄT

Von Jane Roberts

Jane Roberts stellt in diesem neuen Erfolgsbuch die Psyche in ihrem natürlichen Ausdruck dar. Was in diesen Botschaften über die kreative Gestaltungskraft unseres psychischen Potentials, über Liebe und Sexualität – über Hetero- und Bisexualität sowie über homosexuelle und lesbische Triebe im Menschen – gesagt wird, ist erhebend und provozierend zugleich; es fordert jeden von uns heraus. 330 Seiten, Best.-Nr. 1215.

DIE BOTSCHAFT DER KÖRPERSPRACHE

Von Claude Bonnafont

Worte täuschen nur zu oft, Signale des Körpers nicht. Die bekannte Psychologin hat aufgezeichnet, was für Sie Informationswert hat. Anhand von Haltung und Bewegung, von Gebärden, Mienenspiel und zutage tretenden Vorlieben usw. erkennen geschärfte Beobachter erst die wahren Absichten und nutzen ihr Wissen privat und im Berufs-leben. 263 Seiten, Best.-Nr. 1191.

IHR SIEG ÜBER DEN STRESS – ERHOLUNG AN KÖRPER, GEIST UND SEELE

Von Dr. phil. Urs-Peter Oberlin

Dieses Buch zeigt, woran wir kranken, und bietet attraktive Alternativen: Es ist gleich-sam ein Gesamtplan, wie man sich körperlich fit hält und wie man sich in Arbeit und Freizeit gegen Hast und Leerlauf organisiert. Mit Hilfe der hier entwickelten wirk-samen Methoden eines modifizierten autogenen Trainings und anderer Techniken können Sie Streß abbauen und vermeiden. Tabellen, Checklisten, Testanleitungen und Programmpläne sind eine wertvolle Hilfe. 238 Seiten, 13 Abb., Best.-Nr. 1223.

DIE KUNST ZU ÜBERZEUGEN

Von Prof. Dr. Heinz Ryborz

Prof. Dr. Heinz Ryborz zeigt in diesem leichtverständlichen und praxisnahen Buch be-währte Techniken auf, mit denen man sich die Merkmale sowie die Verhaltensweisen einer Persönlichkeit aneignen kann, die zu überzeugen versteht und deshalb ihre Ziele erreicht. Sie finden, demonstriert an zahlreichen Beispielen, konkrete Anleitungen, wie man Partner, Freunde, Kunden, ja selbst Gegner überzeugt. 234 Seiten, Best.-Nr. 1209.

DIE HOHE SCHULE DER HYPNOSE – FREMD- UND SELBSTHYPNOSE

Von Kurt Tepperwein

Der Autor, Praktiker, Hypnosetherapeut, zeigt die wirksamen Techniken der Fremd- und Selbsthypnose, die von größtem Wert sind. »Er weist Schritt für Schritt in die Hyp-nose ein; es bedarf danach kaum noch praktischer Unterweisung, um Hypnose helfend anzuwenden« (Univ.-Prof. Dr. med. H. Jansen). 280 Seiten, 20 Abbildungen, Best.-Nr. 1159.